Chistes

Isabel Sampere Sánchez

CHISTES

dve
PUBLISHING

Diseño gráfico de la cubierta de Design 3.

Dibujo de la cubierta de Franco Bruna.

© Editorial De Vecchi, S. A. 2018
© [2018] Confidential Concepts International Ltd., Ireland
Subsidiary company of Confidential Concepts Inc, USA
ISBN: 978-1-64461-163-0

Introducción

El chiste, de breve diálogo pero lleno de intención, es quizás una de las formas de humorismo más populares, porque de todos se sirve y a todos llega. Un chiste, un latigazo de agudeza, que nos sorprende y nos arranca una sonrisa (si no una sonora carcajada), y, si se lo propone, distiende hasta el ambiente más enrarecido. Exacto e inmediato, el chiste tiene razón de ser en la picaresca popular. Está en el aire, apuntando a la diana de lo cotidiano y a cada uno de sus pobladores.

Estas páginas recopilan chistes cuyos protagonistas están extraídos de la vida real, porque el objeto del chiste somos todos, y sálvese quien pueda. Así, la fauna es de lo más variopinta: sufridos baturros, leperos, ingenieros informáticos (especímenes de reciente incorporación), borrachos en situaciones hilarantes, adúlteros inequívocos o curas con equívocos intereses, solícitos camareros y cornudos despistados, amigos, muchos amigos, suegras (¡cómo no!), militares y algún que otro miembro del auténtico reino animal.

Se cuelan también en este libro dudas, colmos, definiciones y exageraciones (y algún que otro ejercicio lingüístico similar), porque constituyen ingeniosas piruetas que bien merecen nuestra atención. Son muestra del calor y el desenfado propios del humor español, ese que enjuicia situaciones, caricaturiza miedos, complejos y fantasmas, y se ríe hasta de su propia sombra. ¿Existe algún ejercicio más saludable?

El sentido lúdico de la vida campa a sus anchas en estas páginas, en forma de mil y un chistes, esos dulces que a nadie amargan, y que, huelga decir, a nadie pretenden ofender. Sirvámonos de ellos como el punto de sal tan necesario en esta nuestra existencia tan seria…

Curiosidad infantil

Pepito le pregunta a su padre:
—Papá, ¿cómo se llaman los animales que comen hierba?
El padre responde:
—Herbívoros.
Pepito vuelve a preguntar:
—¿Y los que comen carne?
—Carnívoros.
Pepito pregunta otra vez:
—¿Y los que comen de todo?
Y su padre le responde:
—Los ricos, Pepito, los ricos.

W W W

En Lepe

Uno de Lepe se compró un perro, también de Lepe. Iban por la calle cuando, de repente, los asaltan:
—¡Manos arriba!
El lepero mira al perro y le dice:
—¡Ataque, ataque!
El perro se tira al suelo y empieza: ¡Ah, Ah, Ahhh!

Restaurante de lujo

Una pareja en un restaurante.

—¿Qué tomarán los señores? —pregunta el camarero.

—A mí me pone una langosta Thermidor y un cava Juvé & Camps reserva.

—¡Excelente decisión! ¿Y a su señora?

—Póngale un fax y dígale que me lo estoy pasando de muerte...

W W W

Acusado

En un juicio dice el fiscal:

—Miren al acusado, fíjense en su mirada torva, su frente estrecha, sus ojos hundidos, su apariencia siniestra.

Y el acusado interrumpe:

—Pero bueno, ¿me van a juzgar por asesino o por feo?

W W W

De acampada

Sherlock Holmes y Watson se van de acampada y Holmes se despierta a las cuatro de la madrugada y le da un golpe con el codo a Watson:

—Watson, mira al cielo y dime qué ves.

—¡Veo millones de estrellas!

—Y eso, ¿qué te dice?

Tras pensar un instante Watson responde:

—Astronómicamente, me dice que hay millones de galaxias y, en potencia, billones de planetas; cronológicamente deduzco que son las cuatro y diez; teológicamente puedo ver que Dios es todo-

poderoso y que somos pequeños e insignificantes; meteorológi-
camente me dice que mañana tendremos un buen día... Por cierto, ¿a usted qué le dice, señor Holmes?

Tras un corto silencio, Holmes contesta:

—Que eres idiota, Watson. ¡Nos han robado la tienda de cam-
paña!

W W W

Colmo

¿Cuál es el colmo de un arquitecto?

Construir castillos en el aire.

W W W

Dos amigos

Se encuentran dos amigos que hace varios años que no se ven.
En medio de una larga y distendida conversación el primero pregunta:

—Juan, ¿qué fue de tu padre?

—Pues murió en un accidente.

—Vaya, qué lástima, no sabía nada.

—Sí, fue tremendo, porque sus últimas palabras me las dijo a
mí.

—¿Ah sí? ¿Y cuáles fueron?

—¡No muevas la escalera!

W W W

Mamá, mamá...

—Mamá, mamá, ¿cuál es la definición de evasivo?

—Anda, vete a hacer los deberes.

Duda

Si un abogado se vuelve loco, ¿pierde el juicio?

                        w w w

La farola

Dos locos se han escapado del centro psiquiátrico y están dando
vueltas a una farola. De pronto uno de ellos dice:
    —¡Eh, vámonos, que por ahí llegan los enfermeros!
    Y el otro contesta:
    —¡Bah! Espera un poco, que les llevamos 37 vueltas de venta-
ja.

                        w w w

El calvo

Estaban dos amigos en el cine, sentados detrás de un calvo, y le
dice uno al otro:
    —Te doy 20 euros si le das una colleja al calvo.
    —¡Trato hecho!
    Este se levanta, se acerca al calvo, le da una colleja y le dice:
    —¡Qué tal, Pedro! ¿Cómo estás?
    Al ver que el tipo lo mira molesto le dice:
    —Disculpe, lo confundí con un amigo idéntico a usted.
    Regresa a su asiento y el amigo le paga los 20 euros.
    —Si ahora vas tú, te doy 40 euros.
    —¡Vale!
    Entonces este se levanta, se acerca al calvo y le da una colle-
ja diciendo:
    —¡Hola, Pedro! ¿Cómo te va, hombre?
    Al ver que el calvo lo mira enfadado le dice:

—Ay, disculpe, lo confundí con un amigo idéntico a usted.

El calvo, harto de tanto cachondeo, se levanta y se cambia de asiento. Entonces el primero de los amigos le dice al otro:

—Mira, te doy 100 euros si le vuelves a pegar al calvo.

—¡Eso está hecho!

Se levanta despacio, se acerca al calvo, lo mira y ¡plasss!

—¡Ostras, Pedro, no te lo vas a creer, pero acabo de confundirte con un calvo idéntico a ti que está sentado ahí detrás!

W W W

Fútbol

Aparece Juan con el pie enyesado y un amigo le dice:

—¿Qué te pasó, Juan?

—Es que estaba jugando al fútbol y me cambiaron el balón por uno de hierro.

—¡Pues cómo te debe de haber dolido!

—Hombre, mi pie es lo de menos, si hubieras visto cómo quedó el que remató de cabeza.

W W W

Mamá, mamá…

—Mamá, mamá, ¿cuál es la definición de paranoico?

—Probablemente crees que no lo sé y me quieres pillar, ¿verdad?

W W W

¿Qué es peor?

—¿Qué es peor: la ignorancia o el desinterés?

—Ni lo sé, ni me importa.

Sueños

Un hombre le dice a otro:

—Todas las noches sueño que voy a la ciudad en bicicleta, y cuando despierto por la mañana siento un enorme cansancio.

—Pues yo sueño todas las noches que estoy en una fiesta con dos chicas espectaculares, y tengo un gran problema porque estoy con una y no me da tiempo de estar con la otra, y en ese conflicto paso toda la noche.

Y le dice el amigo:

—Caramba, ¿por qué no vas hasta mi casa a invitarme, y así te acompaño?

—Precisamente eso es lo que hago, pero siempre me dicen que te fuiste a la ciudad en bicicleta.

W W W

Mi mujer

—No sé qué me pasa, que me gustan todas las mujeres menos la mía…

—¡Bah! No te preocupes; a mí me pasa lo mismo: me gustan todas las mujeres menos la tuya.

W W W

En el cine

Una hormiga está feliz de la vida viendo una película en el cine. A mitad de la sesión llega un elefante y se sienta justo delante de ella. La hormiga, desesperada porque no puede ver nada, se levanta, se sienta delante del elefante, se gira y le dice:

—¡A que molesta!

No me gusta tu novia

Dos amigos hablan de sus planes para el futuro:
—Pues yo estoy buscando novia para casarme, pero no sé qué hacer, porque a mi madre no le gusta ninguna de las chicas que le he presentado.
—Pues entonces busca una chica como tu madre y preséntasela.
—¡Ya lo he hecho, pero no le ha gustado a mi padre!

W W W

Minuto de sarcasmo entre él y ella

Él: Salgamos a divertirnos esta noche.
Ella: Buena idea. El que llegue primero que deje la luz de la entrada encendida.

W W W

Limosna

Un mendigo está pidiendo limosna. Se le acerca un hombre y le dice:
—¿Por qué no se pone usted a trabajar?
—¡Le pedí limosna, no consejos!

W W W

Dos amigas en el cine

En el cine, durante la proyección de la película, dos amigas hablan sin parar de sus asuntos. Una señora, que está sentada

delante de ellas, se da la vuelta muy enfadada y se queja de que no puede oír nada.

—¿Y a usted qué le importa lo que hablamos?

w w w

De aniversario

Un matrimonio:

—Mi amor, hoy estamos de aniversario de matrimonio, ¿por qué no matamos un pollo?

—¿Y qué culpa tiene el pollo? ¿Por qué no matamos a tu hermano que fue el que nos presentó?

w w w

El sombrero

En la puerta de una iglesia todos los días se sienta un vagabundo a pedir limosna con un sombrero. De repente, un día llega con dos sombreros, y se le acerca un hombre que le pregunta:

—Oiga, ¿por qué trae hoy dos sombreros?

—Bueno, la verdad es que hasta ahora me ha ido tan bien que he decidido abrir una sucursal.

w w w

De pesca

Un pescador, a un lugareño, cerca del lago:

—¿Se puede pescar aquí?

—¡Claro que sí!

—¿No será delito?

—¿Delito dice? ¡Qué va! ¡Será un milagro!

W W W

¡Serénate, Luis!

Asisten al entierro de una mujer dos hombres: el esposo, abatido, lloroso, resignado, y el amante, dando unos alaridos tremendos, llorando sin consuelo, tirándose de los pelos, a punto de sufrir un infarto.

El marido (ahora viudo) se acerca solícito al amante y con gesto amigable le dice:

—Por favor, Luis, serénate un poco. ¡Ya me volveré a casar!

W W W

¡Qué pregunta!

En un bar, dos amigos están hablando tranquilamente:

—¿Por qué no has ido al entierro de Juan? —le pregunta uno al otro.

—Ay, no seas tonto, Gonzalo, ¡cómo iba a ir si sé perfectamente que él no vendrá al mío!

W W W

La carta

Pepe recibe una carta que contiene un papel en blanco.

—Es de la Paca, mi mujer.

—¿Cómo lo sabes? —le pregunta un amigo.

—Es que el otro día nos peleamos y desde entonces no nos hablamos.

El reloj

Van dos amigos por la calle y uno le dice al otro:
—¡Mira, Antonio, un reloj!
—Sí, es mío, es que a veces se me adelanta.

W W W

Un país muy pobre

Había un país tan pobre, tan pobre, pero tan pobre, que el pájaro nacional era la mosca.

W W W

Mamá, mamá…

Una niña de diez años a su madre:
—¡Mamá, mamá, ya no soy virgen!
—¿¡Cómo!? —y la madre le pega una bofetada tremenda a su hija.
La pobre niña entre sollozos:
—Ahora soy pastorcita en la función…

W W W

El telescopio

Van dos borrachos por la calle y se encuentran una escopeta; uno piensa que es un telescopio, la coge y al mirar dice:
—¡Por aquí no se ve nada!
Entonces el otro aprieta el gatillo, la bala le atraviesa el ojo por el que miraba. Y al segundo sólo se le ocurre decir:
—¡No me mires así, que yo también me he asustado!

El charco

Un tipo está de paseo por el campo con su flamante coche deportivo, cuando llega frente a un gran charco de agua. Al verlo baja del
coche para asegurarse de que el charco no es tan profundo como
para no poder pasarlo. Encuentra a un campesino durmiendo la
siesta y le pregunta:
—Eh, amigo, ¿es muy hondo este charco?
—No, señor, es bastante llano.
El tipo, confiado, sube al coche, mete la primera y embala para
pasar el charco rápidamente, pero su automóvil se hunde en el
agua. Él logra salir a duras penas y se acerca de nuevo al campesino.
—Oye, ¿no me has dicho que no era muy hondo?
Y el campesino le responde:
—Sí, qué raro, porque a los patos el agua les llegaba al
pecho.

W W W

El hippy

Un hippy con melenas hasta la cintura está haciendo dedo. Para un
coche y el hippy pregunta:
—Oiga, ¿me falta mucho para León?
Y el del coche contesta:
—¡Sólo el rabo!

W W W

Capitán Garfio

¿De qué murió la mujer del capitán Garfio?
De una caricia.

¿Uno más uno?

Están reunidos un matemático, un economista y un contable. Pedro, que estaba con ellos, les pregunta:
—¿Cuánto es uno más uno?
El matemático responde:
—Exactamente dos.
El economista:
—Posiblemente dos.
Y el contable mira para ambos lados y sin que nadie lo vea le dice en voz baja:
—¿Cuánto quieres que sea?

W W W

El préstamo

—Oye, amigo, estoy en un apuro. ¿Me dejas 1.000 euros?
—Lo siento, no llevo nada de dinero encima.
—¿Y en casa?
—Todos bien, gracias.

W W W

El reloj

Se encuentran dos amigos por la calle, y uno le dice al otro:
—Oye, fíjate en el reloj que me acabo de comprar, tiene lavadora, secadora, pararrayos, cámara de vídeo e incluso microondas.
—¿Sí? ¿Y me podrías decir qué hora es?
—No, hora no tiene.

El hombre más feliz

—¿Sabías que Adán fue el hombre más feliz de la tierra?
　　—¿Adán? ¿Por qué?
　　—¡Porque no tenía suegra!

WWW

Perros y pulgas

¿Por qué los perros tienen pulgas?
　　Porque las pulgas no pueden tener perros.

WWW

El mosquito

Dice un mosquito:
　　—Mamá, mamá ¿puedo ir al teatro?
　　—Sí, cariño, pero ten cuidado con los aplausos.

WWW

Actores

El gran sueño de Antonio era actuar. Un día, un amigo le consiguió un pequeñísimo papel en una obra de teatro. Lo único que tenía que decir era: «Aquí he llegado, mi reina». Aun así, se pasaba todo el día practicando:
　　—Aquí he llegado, mi reina.
　　—Aquí he llegado, mi reina.
　　—Aquí he llegado, mi reina.
　　—Aquí he llegado, mi reina.

Estuvo toda la semana practicando el «Aquí he llegado, mi reina». Llega el día del estreno de la obra y Antonio se encuentra al lado del director. La obra empieza y durante el primer acto le pregunta al director:

—¿Entro, entro?

—No, todavía no.

Llega el segundo acto y Antonio insiste:

—¿Entro, entro?

—No, entras más adelante.

Empieza el tercer acto:

—¿Entro, entro?

—No, tienes que esperar un rato más.

Y en esa escena matan al rey. Al comenzar el cuarto acto le dice el director:

—Ahora, venga, entra ahora.

Antonio entra y le dice a la reina:

—Aquí he llegado, mi reina.

Y la reina le contesta:

—Has llegado tarde, ya lo han matado.

Y Antonio responde:

—Lo que pasa es que ese estúpido no me dejaba entrar.

W W W

Colmo

¿Cuál es el colmo de un abanico?

Darse aires de superioridad.

W W W

¿Quién es el muerto?

En un velatorio, una señora pregunta a los presentes:

—¿Quién es el muerto?

Todos intrigados contestan:

—Pues suponemos que el que está en la caja.

Uno celestial

En un accidente de tráfico mueren tres amigos, Juan, Antonio y Jaime. Los tres suben al cielo y los recibe San Pedro, quien les comenta cómo va a ser su estancia allí:

—Aquí, en el cielo, todo el mundo se desplaza en coche, y la calidad de este depende del comportamiento que se haya tenido en vida.

Y se dirige a Juan:

—Tú, Juan, por haber sido infiel a tu esposa en 20 ocasiones, conducirás un Twingo con parches y abolladuras, el tapizado hecho polvo y el tubo de escape picado.

A continuación, le dice a Antonio:

—Tú, Antonio, por haber traicionado a tu esposa con cinco mujeres, tendrás un Corsa 1400 en buen estado general, con pocos fallos.

Por último, le llega el turno a Jaime:

—Y tú, Jaime, por haber sido siempre fiel a tu esposa, irás en un Aston Martin V8 de 400 CV, con kit deportivo, tapicería de piel y equipo de audio JBL de 240 W. Además, como premio adicional, te alojarás en la suite presidencial del Hilton y te haremos socio del club de golf.

Cada uno de los tres amigos toma un rumbo con el vehículo adjudicado. A los cuatro meses, después de haber recorrido muchos kilómetros por las carreteras celestiales, se encuentran los tres por casualidad en un semáforo. Juan y Antonio se bajan de sus coches para saludarse y observan que Jaime no se baja de su Aston Martin. Lo ven llorando amargamente al volante y extrañados se dirigen hacia él:

—¿Por qué lloras, Jaime? ¡Pero si tienes el mejor coche del cielo y vives como un rey, tío! No tienes motivos para estar deprimido…

—¿Que no? ¡Acabo de ver a mi esposa en patinete!

W W W

Cruces

Se encuentran dos animales que nunca se habían visto, y uno le dice al otro:

—¡Qué bicho más raro! ¿Qué eres?

—Soy un perro lobo. Mi madre fue una loba y mi padre un perro. ¿Y tú?

—Un oso hormiguero.

—¡Ja, ja, anda ya!

W W W

El caballo en el bar

Entra un caballo a un bar y se dirige al camarero:

—Sírveme una copa.

A los dos minutos, otra vez:

—Sírveme otra copa.

Y después de tomar varias copas abandona el lugar. Entonces el camarero le dice a un cliente:

—Oye, amigo, ¿no has notado algo raro?

—¡Sí, se fue sin pagar!

W W W

Pies en la cabeza

¿Cuál es el animal que anda con los pies en la cabeza?

El piojo.

Ascensor

Un elefante entra con aire desafiante en un ascensor donde había un ratoncito y le pregunta:
— ¿Qué piso?
Y el ratoncito le responde:
— ¡¡Mi rabito!!

W W W

Loro

Todas las mañanas un loro iba a abusar de su vecina, una lorita. El dueño de esta ya estaba harto de esas visitas y se propuso darle un escarmiento al loro. Al día siguiente lo encuentra cuando iba hacer su maldad y lo empieza a desplumar, pero el loro se ríe.
— ¿De qué te ríes, loro? —le pregunta el dueño de la lorita.
Y el loro contesta:
— Es que nunca lo he hecho desnudo.

W W W

Una mujer con bigote

Dos amigos hablando:
— Mira, tío, una mujer con bigote.
— Oye, que es mi madre.
— ¡Ah! Pues le queda muy bien, tío.

W W W

La docena de ostras

Un hombre va caminando por la calle agarrándose el vientre con aparente dolor.

—¿Qué te pasa? —le pregunta un amigo.

—Me comí una docena de ostras.

—¿Y no te diste cuenta de que estaban malas cuando las abriste?

—¿Cómo? ¿Había que abrirlas?

WWW

Lo importante es ser amigos

—No importa si tienes un yate en Acapulco o una mansión en Cancún, lo único que importa es que somos amigos. Por cierto, ¿cómo te llamas?

WWW

Uno de aviones

Durante un vuelo, la azafata se acerca a ver qué le ocurre a un hombre que protesta amargamente.

—¡Estoy harto de esta compañía aérea! —refunfuña—. Siempre me toca el mismo asiento, no puedo ver la película y como las ventanillas no tienen persianas tampoco puedo conciliar el sueño.

A lo que la azafata responde:

—Deje de quejarse y aterrice de una vez, comandante.

WWW

Idiomas

La azafata de una compañía nacional anuncia por los altavoces que los pasajeros del vuelo pueden empezar a embarcar.

Termina diciendo:

—Para los pasajeros extranjeros lo mismo, pero en inglés.

W W W

Duda

¿Por qué utilizan agujas esterilizadas para poner una inyección letal?

W W W

Mucha clientela

Un cliente en un bar:

—Buenos días, ¿me pone una cerveza, por favor?

Y el camarero le responde:

—Oiga, pero ¿no ve la gente que hay? ¿Puede esperar un momento?

El hombre, muy extrañado con la respuesta porque el bar está vacío, se sienta en una silla pensativo, y decide esperar. Al cabo de diez minutos se levanta y dice:

—Perdone, ¿podría ponerme ya la cerveza?, por favor...

—Pero hombre, ¿no puede ser paciente y esperar?, tengo mucha faena, ¿no lo ve? ¡No puedo hacerlo todo al mismo tiempo!

El hombre, cansado de la actitud del camarero, coge un cenicero y lo lanza en su dirección. El camarero se gira sorprendido y le dice:

—Pero ¿está usted loco? ¿Qué hace?

Y el cliente contesta:

—¡Sí, hombre, con la cantidad de gente que hay y he tenido que ser yo!

Padre primerizo

En la sala de maternidad, el feliz padre hace fotos como un loco a su hijo recién nacido. Le pregunta la enfermera:
—¿Su primer hijo?
—No, ¡mi primera cámara!

W W W

Papá, papá

Un niño le pregunta a su padre muy interesado:
—Papá, papá, ¿cómo se sabe si una persona está borracha?
—Pues fácil, hijo. ¿Ves esos dos hombres que vienen por ahí? ¡Si yo estuviera borracho vería cuatro!
—Papá, ¡si sólo viene uno!

W W W

Otro de borrachos

Un borracho llega a un edificio de varios pisos, y toca al portero automático.
—¿Diga? —le responde una señora.
—¿Está su marido?
—Sí, ¿por qué?
—Disculpe.
Llama a otro piso y vuelve a preguntar por el marido.
—Señora, ¿está su marido?
—Sí, ¿qué desea?
—No, nada, disculpe.
Así ocurre en todos los pisos hasta que en uno de ellos la señora responde:

—¡No, no ha llegado todavía!
Y dice el borracho:
—Señora, por favor, ¿podría bajar y decirme si soy yo?

W W W

En la comisaría

Entra un borracho en una comisaría:
   —¿Podría ver al ladrón que robó en mi casa ayer?
   —¿Y para qué lo quiere ver?
   —Para saber cómo entró sin despertar a mi mujer.

W W W

El mejor amigo del hombre

Van dos borrachos por la nieve y ven a un perro San Bernardo con su barrilito de *whisky*.
   —¡Mira, por ahí viene el mejor amigo del hombre!
   A lo que el otro contesta:
   —¡Sí, y viene con un perro!

W W W

Dos borrachos

Dos borrachos en un bar. Uno le dice al otro:
   —No bebas más, que te estás volviendo borroso.

Cuanto menos bebo…

Este es un borracho que entra en un bar y le dice al camarero:
—¿Me da cinco copas de whisky?
Al rato:
—¿Me da cuatro?
Al rato:
—¿Me da tres copas?
Después:
—¿Me da dos copas?
Luego le dice:
—¿Me da una copa?
Y le dice al camarero:
—¿Ves? ¡Cuánto menos bebo, más borracho estoy!

W W W

La vía del tren

Dos borrachos caminan por la vía del tren y uno le dice al otro:
—Tío, qué escalera más larga.
Y el otro contesta:
—A mí lo que me molesta son los pasamanos tan bajitos.

W W W

¡González!

Tres borrachos de madrugada, gritando y chillando en la puerta de una casa:
—Heeeey, ¿hay alguien en casa?
Y una señora desde la ventana del segundo piso contesta:
—¡Borrachos, dejad de molestar!
—¿Es esta la casa de González? —dice uno de ellos.

—Sí —contesta la mujer.

—Pues baje a decirnos cuál de nosotros es González.

W W W

Adicto a los juegos

Era un hombre tan ludópata, tan ludópata, pero tan ludópata, que en su tumba en lugar de poner RIP ponía «Game Over».

W W W

Anuncios por palabras

Viejo verde busca chica ecologista.

Hombre de buenas costumbres busca a alguien que se las quite.

Divorcios en 24 horas. Satisfacción garantizada, o le devolvemos a su cónyuge.

Desempleado con muchos años de experiencia se ofrece para estadísticas.

Anciano con enfermedad de Parkinson se ofrece para tocar las maracas en conjunto musical cubano.

Busco urgentemente cursos para ser millonario. Pago lo que sea.

Vendo coche, cuatro puertas, con excelentes vistas a la calle.

Chico tímido busca... bueno... esteee... no, bueno... nada... no importa...

Viuda negra busca tipo millonario para casarse. Hasta que la muerte nos separe.

Buscotécnicoparaarreglarmibarraespaciadora.

Mono recién escapado del zoo busca trabajo para ganarse los cacahuetes.

Vndo máquina d scribir qu l falta una tcla.

Cambio pastor alemán por uno que hable español.

Joven soltero y sin compromiso alquila media cama.

W W W

Colmo

¿Cuál es el colmo de un pastor?
Quedarse dormido contando sus ovejas.

W W W

Buscando un bar

Un borracho llega a su casa a las tres de la mañana y su mujer le dice:
—¿Qué horas son estas de llegar?
Y el borracho le responde:
—Entonces, ¿no está abierto este bar?

Caperucita embarazada

El leñador en el bosque se encuentra a Caperucita Roja y ve que
está embarazada. Le pregunta:
—Caperucita, ¿qué te ha pasado?
—De Caperucita nada, señora de Feroz.

WWW

Duda

¿Por qué todo junto se escribe separado y separado se escribe
todo junto?

WWW

La primera

—Pepe, ¿soy la primera mujer a la que besas?
Pepe se la queda mirando extrañado y responde:
—¿Por qué todas las mujeres tienen que preguntar lo mismo?
Pues claro que eres la primera.

WWW

En una encuesta

—Y usted, señor, ¿utiliza algún lubricante en sus relaciones sexua-
les?
—Sí, vaselina.
—¿Y dónde lo aplica?
—En el pomo de la puerta.

—¿Qué?

—Sí, para que resbale y no entren los niños.

W W W

Jugador prometedor

—¿Qué le parece ese niño?

—Es un jugador muy prometedor.

—¿Es muy bueno?

—No, hace años que promete jugar mejor.

W W W

La guía telefónica

—Tío, me he aprendido la guía telefónica de Madrid...

—¿De memoria?

—No, si te parece razonándola...

W W W

Pitos y flautas

—Pues entre pitos y flautas me he gastado diez mil euros.

—¿Y eso?

—Pues ya ves, cinco mil en pitos y cinco mil en flautas.

W W W

El nombre

—Oiga, ¿usted cómo se llama?

—Gabriel, pero cuando estornudo me llaman Jesús.

El mayordomo

El mayordomo dice con retintín mientras abre la puerta:
—¿De dónde viene el cabroncete del señor conde?
—Pues de comprarme un aparato para la sordera.

W W W

Cervantes

Un padre le dice a su hijo:
—¡Niño, no digas palabras feas!
—¡Pero, papá, si esta palabra la dice Cervantes!
—¡Pues que no me entere yo que vuelves a jugar con él!

W W W

En la cama

La mujer vuelve repentinamente a casa y se encuentra a su esposo en la cama con la vecina, y le dice al marido con cara de des-
precio:
—¿Ves como yo tenía razón? Esta tía es una pelandusca que
se acuesta con el primer idiota que se encuentra.

W W W

Uno de Lepe

Dos leperos se encuentran en un camino. Uno lleva un saco al
hombro.
—¿Qué llevas en la bolsa? —le pregunta el otro.

—Pollos —responde el primero.

—Si acierto cuántos llevas, ¿podré quedarme con uno?

—Si aciertas puedes quedarte con los dos.

—Bueno, pues... ¡cinco!

W W W

Conductor lepero

Un policía se dirige a un conductor lepero:

—¿Su permiso para conducir?

El lepero le dice a su acompañante:

—Paco, pásate para atrás que el policía quiere conducir.

W W W

En la iglesia

En la iglesia dice el cura:

—A ver, los acompañantes de la novia que se pongan a la derecha, y los del novio, a la izquierda.

Todos se colocan, excepto ocho personas que se quedan en medio.

—Ahora, que estos ocho vengan conmigo y a los demás que os den por ahí, porque esto es un bautizo.

W W W

El voto

Un votante llega a la mesa electoral y grita:

—¡¡Vengo a votar, me cago en la leche!!

La presidenta de la mesa le dice:

—Bien... ¿Está usted empadronado?
Y el tío responde:
—¡No, es mi carácter, joder!

W W W

El sello

Un lepero va a un estanco y pide un sello de correos. El estanquero se lo da y el cliente le pide:
—¿Me puede quitar el precio? Es que es para hacer un regalo.

W W W

«El» mosca

Con acento de turista inglés:
—¡Camarero! Hay el mosca en sopa.
—No es el mosca, es la mosca.
—¡Caray, qué vista tiene usted!

W W W

Bodas de plata

—Cariño, cuando cumplamos nuestras bodas de plata te voy a llevar a Cancún.
—¿Y cuando cumplamos las de oro?
—¡Quién sabe, lo mismo te voy a recoger!

Dos amigas

Dos amigas se encuentran en una fiesta:

—¿Sabes la última? Me caso con tu ex novio.

—No me extraña, el día en que terminamos me dijo que iba a hacer alguna tontería...

W W W

En la playa

—Mira, mira, tu marido está intentando ligar con una sueca.

—Je, je, je.

—¡Tu marido intenta ligar y tú te ríes!

—Sí, a ver cuánto tiempo aguanta metiendo barriga.

W W W

En un fuerte

El vigía le dice al capitán:

—¡Capitán, capitán, que vienen los indios!

—¿Son amigos o enemigos?

—Parece que son amigos, porque vienen todos juntos.

W W W

La reencarnación

—Suegra, ¿usted cree en la reencarnación?

—Pues claro que sí.

—Si usted se muriese, ¿en qué animal le gustaría reencarnarse?

—Pues a mí siempre me han gustado las serpientes.
—¡No vale repetir, no vale repetir!

W W W

La patrona de los fruteros

¿Quién es la patrona de los fruteros?
   Santa Cerecita del Niño Jesús.

W W W

Diez consejos de un empleado a su jefe para que este sea un gran jefe

1. Nunca me dé trabajo por la mañana, hágalo después de las cuatro de la tarde. Siempre es gratificante contar con el reto de trabajar bajo presión. Me encanta.

2. Si se trata de trabajo urgente, por favor interrúmpame cada diez minutos para ver cómo voy. O, mejor aún, espíe constantemente sobre mi hombro y deme calor en la oreja hasta que me arda.

3. Salga siempre de la oficina sin decirme a dónde va. Eso me brinda la oportunidad de estimular mi creatividad cada vez que alguien pregunta por usted.

4. Si me da más de una misión por cumplir, no me diga cuál es la prioridad. ¡Soy telépata!

5. Haga lo imposible por tenerme en la oficina hasta tarde. Me encanta estar aquí, y en realidad, sinceramente, no tengo a dónde ir ni nada más que hacer.

6. Si mi trabajo le satisface, manténgalo en secreto. Si se sabe podría ser causa de un ascenso. Además, si no lo sé, me seguiré esforzando por que lo sea.

7. Si no le satisface mi trabajo, hágaselo saber a todo el mundo. Me encanta que mi nombre sea el más mentado en las conversaciones. Pero no me lo diga a mí, podría herir mis sentimientos.

8. Si tiene instrucciones especiales para la realización de algún trabajo, no me las escriba. De hecho, no las mencione hasta que ya casi lo haya terminado. ¿Qué necesidad hay de confundirme con información inútil?

9. Nunca me presente a la gente con la que está. No tengo derecho a saber nada. En la cadena alimentaria de la empresa yo sólo soy el plancton. Cuando usted haga una referencia a esas personas en el futuro, yo utilizaré mis poderes psíquicos para saber de quién me habla.

10. Califique mi actuación como mediocre y deme un aumento basado en la inflación. De cualquier forma, yo no estoy aquí por dinero.

W W W

La magdalena

Entra un hombre en un bar y dice:
—Por favor, un café con leche y una magdalena.
Moja la magdalena en el café con leche y gluppppp..., la magdalena se chupa todo el café con leche.
—Camarero, otro café con leche para mí, y a la magdalena le pone lo que quiera.

La final de la copa

En el partido de la final de la copa, un aficionado se queda muy extrañado al ver un asiento vacío, así que le pregunta al tipo de al lado:
—Oiga, ¿usted sabe qué pasa con ese asiento?
—Sí, es que pertenecía a mi esposa, pero murió.
—Ah... lo lamento, pero dígame, si no es indiscreción, ¿cómo es que nadie se lo ha pedido para ver la final?
—No sé, yo tampoco lo entiendo, todos han querido ir al funeral.

W W W

Dolor de muelas

Un camionero, muy asustado, en la consulta del dentista.
—Me duele mucho la muela.
—A ver, abra la boca.
—No, que tengo mucho miedo...
—Mire, ¿sabe qué haremos? Le daré esta botella de whisky para que eche un trago, y vera cómo se le pasa el miedo.
Al rato, el camionero se ha bebido toda la botella.
—Bien, ¿se siente más valiente ahora?
—Sí..., pero a ver quién es el guapo que me toca ahora la muela.

W W W

¡Un whisky!

Un hombre entra en un bar y dice:
—¿Me pone un whisky?
—¡Enseguida!

41

El camarero le sirve un whisky escocés de 24 años.

—Pero ¿qué hace, insensato? Se ha equivocado de botella, yo no puedo pagar ese whisky.

—Nada, nada, usted no se preocupe que hoy invita la casa.

—Perdone, pero usted no es el dueño, ¿verdad?

—No, no, yo soy sólo un camarero.

—¿Y el dueño dónde está?

—Arriba, con mi mujer.

—¿Qué hace con ella?

—Pues lo mismo que yo con su negocio.

W W W

Taladores de árboles

Un brasileño, un estadounidense y un vasco en una entrevista de trabajo para contratar taladores de árboles. Pregunta el entrevistador:

—¿Y ustedes qué experiencia tienen?

—Pues yo estuve en Canadá cortando árboles en el norte —contesta el estadounidense.

—Eu estove em Brazil a silva du Amazonas —dice el brasileño. Por último, le llega el turno al vasco:

—Pues yo estuve en el Sahara.

—¡Pero si en el Sahara no hay árboles! —contesta el entrevistador.

—¡Eso es ahora!

W W W

Entrevista de trabajo en el circo

Un hombre va a entrevistarse para trabajar en un circo. Habla con el director:

—¿Y usted qué es lo que hace exactamente?
—Pues yo imito a los pájaros.
—Pues... no, no..., esto no me interesa...
Entonces el hombre levantó el vuelo y se fue...

W W W

Un número nuevo

Un hombre, después de insistir mucho a un empresario de circo que ya tenía todas las plazas cubiertas, consigue que acepte ver una demostración de su número. Saca un ratón del bolsillo, un piano pequeño y un loro. El ratón se pone a tocar el piano al tiempo que el loro canta ópera.
    —¡Fantástico! Pero, oiga, entre nosotros, esto tiene truco, ¿verdad?
    —Sí, bueno, el loro no canta, es que el ratón es ventrílocuo.

W W W

Mamá, mamá...

—Mamá, mamá, en el colegio nadie quiere hablar conmigo. ¡Mamá, mamá...!

W W W

El animal más tonto

¿Cuál es el animal más tonto?
    El pez, porque se pone detrás de la hembra y nada, nada, nada...

El sofá

Un hombre pide ayuda a su vecino para mover un sofá que se había encallado en la puerta. Se colocan cada uno a un lado y forcejean un buen rato hasta que quedan exhaustos, pero el sofá no se mueve.

—Olvídelo, jamás podremos meterlo —dice el dueño del sofá.

El vecino lo mira con extrañeza y le pregunta:

—¡Ahh! Pero... ¿era meterlo?

W W W

Colmo

¿Cuál es el colmo de un pianista?

Que su hija se llame Tecla y todo el mundo la toque.

W W W

Las periquitas

Llega una señora a confesarse y le dice al cura:

—Padre, tengo un problema.

—Dime, hija, ¿de qué se trata?

—Fíjese, padre, tengo dos periquitas muy bonitas, pero lo único que saben decir es: «¡Hola! Somos prostitutas, ¿quieres divertirte un ratito?».

—Eso está muy mal, hija. Le propongo algo: yo tengo un par de periquitos a los que he enseñado a leer la Biblia y a rezar; tráigame a sus periquitas, las pondremos en la misma jaula con mis periquitos y ellos les enseñarán a rezar y leer la Biblia.

La señora, encantada con la idea, le lleva las periquitas al día siguiente. Al llegar, ve que los periquitos del padre están en su jaulita concentrados, rezando el rosario. Meten a las periquitas en la jaula que, fieles a su costumbre, dicen:

—¡Hola! Somos prostitutas, ¿quieres divertirte un ratito?

Y uno de los periquitos del cura contesta:

—Hermano, ¡guarda los rosarios que nuestras oraciones han sido escuchadas!

Definición

Ignorancia: cuando no sabes algo y alguien lo descubre.

Repartiendo limosna

Tres curas, uno inglés, uno francés y otro catalán, discuten sobre la manera de repartir las limosnas. Dice el inglés:

—Nosotros tenemos un método que nos va muy bien: trazamos un círculo en el suelo y tiramos las monedas al aire, las que caen dentro se las ofrecemos a Dios y las otras son para la parroquia.

—¡Ah!, el nuestro es mejor: trazamos una línea recta en el suelo y tiramos las monedas, las que caen a la derecha se las ofrecemos a Dios, y las otras, son para la parroquia —dice el francés.

Por último, le llega el turno al catalán:

—El nuestro es el mejor, tiramos las monedas al aire y ¡las que coge Dios para él, y las otras, para la parroquia!

45

Mal de vista

El doctor Barraquer, el oculista, está atendiendo a un nuevo paciente.
—¿Ve aquella letra de la pared?
—Sí, señora.

W W W

Confusiones de género

—Hay que ver cómo es esta juventud, mire a ese, ¿podría decirme si es un hombre o una mujer?
—Pues es una chica.
—¿Cómo lo sabe?
—Porque es mi hija.
—Uy, ¡perdón! ¡No sabía que usted fuese su padre!
—Soy su madre.

W W W

La bronca del jefe

El jefe regaña al empleado recién contratado que ha llegado tarde el primer día de trabajo:
—Fernández, debería haber estado usted aquí a las nueve.
—Pero, ¿por qué? ¿Qué ha pasado, me he perdido algo divertido?

W W W

El lenguaje de las latas

Dos amigos hablando:
—Yo tengo un loro que dice «papá» y «mamá».
—Y yo una lata que dice «melocotón en almíbar».

Mujer engañada

Una mujer de Lepe está leyendo un libro y le dice a su marido:
—¡Qué descaro! ¡Qué descaro! ¿Te quieres creer, Manolo, que un tal Pablo Neruda ha publicado un libro copiando las poesías que me escribiste cuando éramos novios?

W W W

La condena

Un prisionero, enfadado, le cuenta a su compañero de celda:
—¡Estoy indignado! Me han echado 40 años y yo sólo tengo 25.

W W W

¡Mi mujer me engaña!

Dos mujeres viajan en automóvil de noche a Madrid. Después de un buen trecho sin mediar palabra, una exclama:
—¡No te puedes imaginar las ganas de mear que tengo!
—Yo no quería decir nada, porque estamos llegando, pero tampoco puedo aguantar más. Si encontramos un bar paramos.
Pasan varios kilómetros, pero no encuentran ningún bar. Ante la urgencia de la situación deciden parar en el primer sitio que encuentren. ¡Un cementerio! Aunque no les parece el lugar más idóneo, especialmente de noche, deciden bajar. Y cuando más concentradas están, aparece el enterrador gritando:
—¿Quién anda ahí?
Las mujeres se llevan un tremendo susto; sin tiempo ni siquiera de subirse las bragas corren hacia el coche, se suben y arrancan.

47

Unos días después se encuentran los maridos de las interfectas, ambos con aspecto descuidado (ojeras, despeinados, la camisa arrugada, etc.) y con cara de preocupación. Habla uno:

—Juan, sospecho que mi mujer me está engañando.

—¿Por qué?

—La otra noche llegó a casa sin bragas.

—Pues yo no tengo dudas. Mi mujer me engaña. Esa misma noche llegó sin bragas... y con una banda en el trasero que ponía: «Tus amigos de Logroño no te olvidan».

W W W

Correos

Un sacerdote recién llegado al pueblo le pregunta a un niño dónde está Correos. El niño le indica la dirección y el sacerdote, muy agradecido, le dice que visite la iglesia el domingo. En la misa, el niño se sienta y escucha cuando el sacerdote dice al comenzar la misa que hoy les enseñará a todos los presentes el camino al cielo. Y el niño en voz alta replica:

—No sabe dónde queda Correos y va a saber cómo llegar al cielo...

W W W

Colmo

¿Cuál es el colmo de un imperdible?

Perderse.

W W W

La nevada

Se pierden un sacerdote y una monja en una fuerte nevada. Tras deambular mucho, llegan a una cabaña. Como estaban

muy agotados, se prepararon para ir a dormir. Había una pila de mantas y un saco de dormir en el suelo, pero solamente una cama. Comportándose como un caballero, el sacerdote dice:

—Hermana, usted duerma en la cama. Yo dormiré en el suelo en el saco de dormir.

En cuanto el cura se mete en el saco y empieza a quedarse dormido la monja dice:

—Padre, tengo frío.

El cura sale del saco, se levanta, busca una de las mantas y cubre a la monja con ella. Vuelve a meterse en el saco, y cuando está a punto de quedarse dormido la monja dice de nuevo:

—Padre, sigo teniendo mucho frío.

El sacerdote desabrocha el saco, se levanta de nuevo, busca otra manta, la pone sobre ella y se mete en el saco. Apenas sus ojos se cierran, ella dice:

—Padre, me estoy congelando...

Esta vez, él permanece dentro del saco y dice:

—Hermana, tengo una idea. Estamos a varios kilómetros de cualquier ser humano, alejados completamente de la civilización. ¿Por qué no hacemos como si fuéramos marido y mujer?

—Por mí no hay problema —contesta la monja con voz coqueta.

A lo que el cura responde gritando:

—¡¡¡Pues levántate de la puñetera cama y busca tu propia manta!!!

W W W

Los condones

Dos ancianos de 97 años hablan sobre sexo, y de pronto uno le pregunta al otro:

—Oye, ¿tú cuando haces el amor utilizas condón?

A lo que el otro responde:

—Uy, no, esos puñeteros pesan mucho.

W W W

La llegada del euro

Esto es una moneda de quinientas pesetas que con la llegada del euro se muere y va al cielo, a cuyas puertas la recibe San Pedro.

—Mira, San Pedro, con la llegada del euro ya no sirvo para nada, ¿puedo pasar al cielo a descansar?

—Sí, moneda de quinientas pesetas, puedes pasar.

Al día siguiente llega un billete de mil pesetas, que también ha muerto con la llegada del euro:

—Mira, San Pedro, con la llegada del euro ya no sirvo para nada, ¿puedo pasar al cielo a descansar?

—Sí, billete de mil pesetas, puedes pasar.

Pasan las semanas y aparece un billete de diez mil pesetas por las puertas del cielo. Lo recibe San Pedro.

—Mire, San Pedro, con la llegada del euro ya no sirvo para nada, ¿puedo pasar al cielo a descansar?

—¡No, tú no puedes pasar!

—Pero ¿por qué?

—¡Porque a ti nunca te he visto por misa!

W W W

Con el doctor

Un anciano de 90 años se casa con una muchacha de 20; al volver de la luna de miel va al médico y le dice que su esposa está embarazada.

—Déjeme que le cuente una historia —dice el doctor—: una vez, un cazador un poco despistado se fue de caza llevándose un

paraguas en vez de su escopeta. Vio un pajarito, le apuntó con su paraguas, disparó y el pajarito cayó muerto.

—Imposible —contesta el anciano—, algún otro tipo debió de haberle tirado a ese pajarito.

—Pues eso mismo quería decirle.

W W W

En un restaurante

Un madrileño entra en un restaurante, famoso por tener de todo, con la intención de «chulear». Llama a uno de los camareros y le dice:

—Camarero, ¿tenéis bocadillos de pechuga de elefante?

Y el camarero muy atento le contesta:

—Sí, señor, el problema es que ¡se nos ha acabado el pan!

W W W

Jaimito

La profesora en el colegio:

—A ver, Jaimito, si tienes cinco euros en un bolsillo y tres en el otro, ¿qué tienes?

—Los pantalones de otro, señorita.

W W W

Mamá, mamá

—Mamá, mamá, en el colegio me llaman policía...

—¿Quién, hijo? ¡Cuéntame!

—Un momentito, que las preguntas las hago yo.

En Lepe

En Lepe:
>—Oye, Paco, mira ese pájaro muerto.
>Paco mira hacia el cielo y pregunta:
>—¿Dónde, Manolo, dónde?

W W W

¿Qué le dice...?

¿Qué le dice un huevo a una sartén?
>Me tienes frito.

W W W

El bofetón

Una pareja de ancianos está viendo la televisión tranquilamente. De repente, la mujer se levanta y le da un bofetón al abuelo, que muy sorprendido pregunta:
>—¿A qué viene eso?
>La abuela le responde:
>—¿Eso? Eso por cincuenta años de mal sexo.
>El abuelo se queda pensativo y al rato se levanta y le da un bofetón a la mujer.
>—¿Y eso? ¿A qué ha venido? —pregunta ella sorprendida.
>—Eso es por conocer la diferencia.

W W W

Los chistes del jefe

El jefe está contando chistes y todos los empleados ríen, excepto uno:

—¿Qué pasa? ¿Por qué no te ríes? ¿No te hacen gracia los chistes?

—Es que yo estoy fijo.

W W W

Faltar a clase

Llaman al director del colegio:

—Buenos días, señor director. Llamo para comunicarle que el alumno Juan Carlos García no podrá asistir hoy a clase.

—De acuerdo, me parece muy bien, pero, ¿puedo saber con quién hablo, por favor?

—Soy mi padre.

W W W

Mercurio

En la clase de mitología griega:

—Alumno, hábleme de Mercurio.

—Bueno... pues... era el dios de los termómetros.

W W W

Jaimito

Jaimito, como de costumbre, no ha estudiado la lección. La profesora, que lo imagina, empieza la clase preguntándole directamente:

—A ver, Jaimito, ¿qué me dices de la muerte de Napoleón?

—Ehh..., que lo siento mucho, profesora...

La cartera del capitán

En un cuartel ha desaparecido la cartera del capitán, que manda formar a la tropa en el polideportivo:

—Ha desaparecido misteriosamente mi cartera y no quiero castigar a nadie... Voy a daros una oportunidad antes de tomar una medida más drástica. Pondremos una manta en el medio de la habitación, apagaremos la luz, os iréis acercando a ella, y el que tenga algo que dejar lo pondrá encima, sin hacer ruido.

Extienden la manta, apagan la luz, y se empiezan a acercar los soldados a la manta. Al cabo de un rato grita el sargento:

—Mi capitán, ¡ya está!

—¿Ya apareció la cartera?

—No, ya han robado la manta.

W W W

«Cuidado con el perro»

Dos de Lepe van a robar a casa de un ricachón y ven un cartel de «Cuidado con el perro».

—Vámonos, Juan, que aquí hay perro.

—Pero si eso lo ponen todos para asustar a los ladrones.

El lepero asustado deambula por los alrededores de la casa, ve una antena parabólica y vuelve corriendo en busca de su amigo.

—¡Vámonos, Juan, vámonos!

—¿Has visto al perro?

—No, pero sí el plato donde come.

W W W

Hotel carísimo

Una pareja de vacaciones en un hotel que les habían recomendado por ser muy lujoso y tener un precio razonable. Todo fue sobre

ruedas hasta que llegó el momento de pagar la cuenta, de cifras desorbitadas. El hombre se dispuso a cursar la correspondiente queja, puesto que en la agencia de viajes el presupuesto que les habían facilitado era mucho menor.

—Verá, es que he estado repasando la cuenta y he encontrado errores. Mire, aquí dice: «Uso de piscina, 150 euros», y ni yo ni mi mujer hemos ido ningún día a la piscina.

—Ya, pero ahí la tenían, si no la han usado es su problema...

—También dice: «Uso de la biblioteca, 100 euros», y ni siquiera sabíamos que había.

—Mire usted, ahí la tenían, y si no la han usado no nos importa.

—¿Y qué me dice de: «Consumo de las bebidas del minibar: 200 euros»? ¡Si no hemos probado ni gota de alcohol!

—¿Qué quiere que le diga? Ahí lo tenían...

—Bien. La cuenta asciende a 1.500 euros, ¿verdad? Pues le voy a pagar la mitad.

—¿Cómo dice?

—Sí, es lo que les cobro por liarse con mi mujer.

—¡Pero si nadie la ha tocado!

—Sí, pero ahí la tenían. ¡Si no lo han hecho es su problema!

W W W

Tropezar

El alcalde y el maestro en la taberna:

—Hoy viene el nuevo párroco —dice el alcalde.

—Sí, es verdad. ¿Le va usted a avisar de la costumbre que tienen las mujeres del pueblo de decir tropezar en vez de cometer adulterio?

—No, ya se enterará él solo.

El párroco empieza a confesar ese mismo día:

—Ave María Purísima.

—Sin pecado concebida. A ver, hija, ¿qué te pasa?

—Padre, confieso que he tropezado.

—Pero, hija, eso no es pecado. Anda vete.

Así una tras otra van pasando todas las mujeres del pueblo. El párroco termina las confesiones, va a la taberna y le dice al alcalde:

—Señor alcalde, a ver si repara las calles que las mujeres no hacen más que tropezar.

—Ja, ja, ja, ja.

—Pues no sé de qué se ríe, porque su mujer es la que más tropieza.

W W W

El caos

Un biólogo, un físico y un informático discuten sobre cuál de las tres profesiones es la más antigua. El biólogo dice:

—Dios tuvo que aplicar la biología; si no se hubieran producido una serie de cambios biológicos en la naturaleza, no existiría la vida. Por lo tanto, la biología es la ciencia más antigua.

El físico replica:

—Dios tuvo que aplicar primero la física, porque si no se hubieran dado ciertos fenómenos físicos previos a esos cambios biológicos, no existiría la vida. Por lo tanto, la física es la ciencia más antigua.

Y el informático dice:

—Dios aplicó, evidentemente, la informática al principio de todo, porque ¿de dónde sacó si no el caos?

W W W

Cielo o infierno

Un conductor de autobús y un sacerdote mueren al mismo tiempo. El conductor va al cielo y el sacerdote al infierno.

—¿Por qué? —pregunta el clérigo a Dios.

—Porque todo el mundo se dormía cuando tú predicabas, mientras que cuando él conducía todos rezaban...

Colmo

¿Cuál es el colmo de una costurera?
Perder el hilo de la conversación

¿Puedo tutearlo?

El director general de un banco se preocupa por Alvarado, un joven director de una de las sucursales porque cada día se ausenta después de comer. Contrata a un detective privado y le ordena:

—Siga a Alvarado un día entero, no vaya a ser que ande metido en algún asunto turbio.

El investigador cumple con el cometido, vuelve e informa al director general:

—Mire, Alvarado sale normalmente al mediodía, coge su automóvil, va a su casa a almorzar, a continuación le hace el amor a su mujer, se fuma uno de sus excelentes puros y vuelve a trabajar.

—Ah, bueno, menos mal, no hay nada malo en todo eso.

—¿Puedo tutearle, señor? —pregunta el detective.

—¡Sí, cómo no! —responde sorprendido el director.

—Repito: Alvarado sale normalmente al mediodía, coge tu automóvil, va a tu casa a almorzar, luego le hace el amor a tu mujer, se fuma uno de tus excelentes puros y vuelve a trabajar.

El jorobado y Lucifer

Un jorobado está paseando por el campo cuando de repente suena una fuerte estampida, y aparece ante él Lucifer, quien le pregunta:

—Oye, tú, sí, sí, tú, el que está paseando, ¿qué llevas en la espalda?

—Yo…, yo… u-una joroba.

—¡Pues ya no la tienes!

Y con un rápido movimiento de manos, la joroba desaparece, con lo que el tío quedó sano como una manzana y muy contento.

Entonces decide ir a contárselo a un amigo suyo que es cojo, a ver si a él le pasa lo mismo.

—Oye, macho, como te digo, que ha hecho flis-flas, ¡y me ha quitado la joroba!

—Bueno, pues voy a ir yo, a ver si me quita la cojera, que me tiene muy perjudicado.

Entonces el cojo se dirige al mismo lugar, junto al cementerio, y de repente oye la estampida, y aparece Lucifer, que le dice:

—Oye, tú, ¿qué llevas en la espalda?

—¿Yo? ¿En la espalda?… Nada.

—¡Pues toma una joroba!

W W W

Ceros y ochos

Dos ceros van por el desierto:

—Desde luego, mira que hace calor.

—Estoy sudando la gota gorda.

De repente pasa un ocho corriendo.

—Mira ese qué chulo, haciendo footing y con el cinturón puesto.

58

Bob Marley

¿De qué murió Bob Marley?
De un porrazo.

W W W

Ciempiés

¿Qué dice un ciempiés cuando ve pasar a una ciempiés muy guapa?
¡Qué lindo par de piernas..., qué lindo par de piernas..., qué lindo par de piernas...!

W W W

En el confesionario

—Padre, he cometido el pecado de la carne.
—Eso es grave, hijo mío. ¿Cuántas veces?
—Padre, yo he venido a confesarme, no a fanfarronear.

W W W

Una urgencia

Entra un hombre a un bar con cierta urgencia y se dirige al camarero:
—¿El servicio? ¡¡Rápido!!
—¡Al fondo a la derecha!
Se va corriendo, se mete en el váter y después de bajarse los pantalones y descargarse oye una voz detrás de él:
—¡¡Ocupado!!

Infiernos

Jorge se muere y va al infierno. Al llegar ve dos puertas con sendos letreros: «Infierno capitalista» e «Infierno socialista». Ante la primera no hay nadie, pero frente a la segunda hay una larga cola de almas.

—¿Qué nos ocurre en el infierno socialista? —pregunta Jorge.

—Nos hierven en aceite, nos azotan y luego nos llevan al potro del tormento.

—¿Y en el capitalista?

—Lo mismo.

—Entonces ¿por qué todos hacen cola para entrar en el infierno socialista?

—Porque allí siempre andan escasos de aceite, látigos y potros.

W W W

Sueños

—Jo, tío, he soñado que ganaba 200 millones como mi padre.

—¿Tu padre gana 200 millones?

—No, también lo sueña.

W W W

En el parque

Pepito está sentado en un banco del parque llorando. Se le acerca una señora y le pregunta:

—¿Qué te pasa, pequeño?

—Pues que he perdido la mochila y mi padre me va a matar.

La señora le dice que perder la mochila no es motivo para llorar y preocuparse tanto, que su papá no se enfadará.

—¿Qué no? —responde Pepito—. Mi hermana perdió la regla y mi papá casi la mata.

W W W

El beso

—César, César, dame un beso.
　—No.
　—Anda, Cesítar, dame un beso.
　—¡Que no, carajo!
　—Pero si todas las parejas lo hacen...
　—Sí, pero no las de la guardia civil.

W W W

Perros en el desierto

¿Por qué los perros aúllan en el desierto?
　Porque no hay árboles, sólo cactus.

W W W

Una mosca en la sopa

—¡Camarero, hay una mosca en mi sopa!
　—Pues ya se ha comido una, porque yo he visto dos...

Tierra en el plato

En la cantina del cuartel.
　　—Mi sargento, en mi plato hay tierra.
　　—¡Y a mí qué me importa! ¡Usted ha venido a servir a la patria! ¡Menos quejas!
　　—Sí, mi sargento, he venido a servir a mi patria... ¡pero no a comérmela!

W W W

Marido y mujer

Una mujer le dice a su marido:
　　—¿A que me escondo y no me encuentras?
　　El marido le responde:
　　—¿A que te escondes y no te busco?

W W W

Fútbol

Mil chinos están jugando al fútbol en una cabina telefónica y de repente uno grita:
　　—¡Gooool!
　　A lo que el portero dice:
　　—Claro, si me dejáis solo.

W W W

Colmo

¿Cuál es el colmo más pequeño?
El colmillo...

Confesión

Un hombre con cara de preocupación entra en el confesionario de una iglesia.

—Padre, me quiero confesar.

—Sí, hijo; dime, ¿cuáles son tus pecados?

—Padre... he sido infiel a mi esposa... Me acosté con Jennifer López...

—Lo siento, hijo, pero no te puedo dar la absolución.

—Pero... ¿por qué, padre? ¡Si la misericordia de Dios es infinita!

—Sí, pero ni Dios se va a creer que estás arrepentido!

W W W

¿Será cierto?

Se encuentran dos amigos que hace mucho tiempo que no se ven.

—Oye, Manolo, ¿sigues siendo un alto directivo de aquella empresa?

—Sí, ¿por qué?

—Porque mi hijo terminó la ESO y yo quería que empezase a ganarse la vida. ¿No habría algo para él en tu empresa?

—Claro, Antonio. Lo puedo hacer entrar como director adjunto. No tiene que saber demasiado, sólo debería venir cuando le dijese y decir un par de chorradas. 80.000 euros al mes más gastos. ¿Te parece bien?

—Hummm, no sé... Es mucho dinero y un puesto muy alto... ¿No podría ser algo más simple?

—Auditor. Tiene que sacarle errores a los informes que le pasen y alguna otra estupidez. 50.000 euros al mes más dietas.

—¿Estás loco? Algo más humilde... acaba de empezar.

—Mmm... Ya sé, jefe de departamento. Un par de órdenes diarias y 30.000 euros al mes más viajes.

—Mmm, no sé... ¿Algo más básico?

—Puede ser jefe de proyectos: 20.000 euros al mes y no tiene que hacer prácticamente nada.

—No, tampoco. ¿Cuál el puesto más esencial?

—El de técnico ingeniero especialista. Tiene que utilizar muchas herramientas de administración, informática, tecnológicas y de proyectos, dominar el inglés, tener amplia experiencia en el sector, dominio de la norma ISO 9002 y capacidad de trabajo en grupo. Deberá hacer guardias los días festivos, estar disponible las 24 horas del día, pelearse con los niveles superiores para que le hagan caso, conseguir por su cuenta soporte técnico, atender a los usuarios, hacer horas extras y trabajar como un burro para que los demás nos llevemos los méritos en las presentaciones preparadas por él. Son 1.000 euros al mes sin dietas, y el horario de trabajo es de nueve de la mañana a siete de la tarde.

—¡Perfecto! Algo así es lo que le conviene a mi hijo para que sepa lo que cuesta ganarse la vida.

—¿Tu hijo? Imposible. Tiene que ser licenciado, poseer dos másteres en Estados Unidos, presentar referencias y demostrar experiencia.

W W W

Billete de metro

—¿Me da un billete de metro?

—Hombre, tan grandes no los tenemos.

W W W

Doctor, doctor...

—Doctor, doctor, vengo a que me reconozca.

—Pues ahora mismo no caigo.

Las ratitas

Una ratita va paseando por la calle. Se encuentra con otra ratita y le pregunta:
   —¿Qué haces, ratita?
   —Espero un ratito.

W W W

Adivina

Dos locos se encuentran en el patio de un centro psiquiátrico; uno de ellos le enseña el puño cerrado al otro y le dice:
   —Oye, ¿a que no adivinas qué es lo que tengo en la mano?
   —Hmmm... ¿un elefante?
El del puño cerrado pone cara de fastidio y replica:
   —Sí, bueno, pero ¿de qué color?

W W W

Doctor, doctor...

—Doctor, doctor, me falla la memoria.
   —¿Desde cuándo?
   —¿Desde cuándo qué?

W W W

Dos en un coche

—No corras tanto, ¡que en cada curva cierro los ojos!
   —¡Ah! ¿Tú también?

Pérez

—Oye, ¿a ti te suena un tal Pérez?
　—No, yo me sueno solo.

W W W

La calle Provenza

—Oiga, por favor, ¿la calle Provenza?
　—Sí, es la que viene.
　—¡Ah! Entonces me espero.

W W W

Abuelita, abuelita

—Abuelita, abuelita, ¿me enseñas el pie que dice papá que tienes en el cementerio?

W W W

Insultos

Un borracho a una mujer:
　—¡Fea, más que fea!
　—¡Borracho!
　—Sí, pero a mí se me pasará mañana.

W W W

Uno de Lepe

Uno de Lepe le dice a otro:
　—Oye, ¿y tú en qué chiste sales?

¡En mi cama!

Un borracho llega a las cinco y media de la madrugada a su casa y se encuentra a su mujer en la cama con otro hombre. Ella dice:

—¿Qué horas son estas de llegar? ¡Y estás como una cuba!

—¿Y tú qué haces con ese tío en mi cama?

—Venga, no cambies de conversación.

W W W

Dos de Lepe en Madrid

Van el alcalde de Lepe y su secretario a Madrid para protestar sobre los chistes que se cuentan en toda España sobre ellos... En la puerta de la Moncloa leen el siguiente cartel: «De 8 a 10». Y dice el alcalde:

—Vámonos, que sólo somos dos.

W W W

Dos amigos

Un hombre de mucho éxito tiene un amigo que era muy desgraciado.

—Oye, ¿tú cómo lo haces para tener éxito en todo? —pregunta el amigo.

—Muy sencillo: no discuto nunca con nadie...

—Hombre, por eso no será...

—Bueno, pues no será por eso...

Pan

Una familia muy pobre, tanto que siempre comían pan duro. Un día el hijo pregunta a su madre:
—Mamá, ¿cuándo comeremos pan de hoy?
—Mañana, hijo, mañana…

W W W

El niño ya camina

—¿Qué tal? ¡Cuánto tiempo! ¿Cómo está la familia?
—Muy bien, gracias.
—¿Y el niño?
—Uy, ya hace seis meses que camina…
—Caramba, sí que debe de estar lejos…

W W W

El bistec

El camarero al cliente:
—¿Cómo ha encontrado el señor el bistec?
—Pues de casualidad, debajo de una patata.

W W W

A las puertas del cielo

Está San Pedro en el cielo, como siempre, y llaman a la puerta:
Toc, toc…
—¿Quién es? —pregunta San Pedro.
—San Antonio.

—Vale, pasa.

Toc, toc...

—¿Quién es?

—San Nicolás.

—Vale, pasa.

Llaman de nuevo. Toc, toc...

—¿Quién es?

—San Juan.

—Vale, pasa.

Toc, toc...

—¿Quién es?

—San Miguel.

—Vale, tronco, pues deja dos cajas.

W W W

Carta al Niño Jesús

Estaba Pepito escribiendo una carta al Niño Jesús: «Querido Niño Jesús, como me he portado muy bien este año quiero que, por favor, me traigas una bicicleta».

Se dispone a poner la carta en el sobre, pero en ese momento observa que la figura de la Virgen María lo mira fijamente. Arrepentido rompe la carta y escribe de nuevo: «Querido Niño Jesús, creo que me he portado bien este año, así que por favor tráeme una bicicleta».

Nuevamente se dispone a cerrar la carta, cuando siente la mirada de la Virgen María. Rompe la carta y vuelve a escribir: «Querido Niño Jesús, no me he portado demasiado bien este año, pero si me traes una bicicleta prometo portarme bien el que viene».

Cuando está a punto de cerrar la carta ve de nuevo la mirada de la Virgen. Rompe otra vez la carta y desesperado coge a la Virgen, se la mete en el bolsillo y escribe: «Niño Jesús,

tengo a tu mamá; si quieres volver a verla, tráeme una bici-cleta».

W W W

Un favor

—Mariano, hazme el favor de remover la salsa cada media hora, que me voy un minuto a casa de la vecina.

W W W

Nacimientos

Un niño de cinco años le pregunta a su padre:
    —Papá, ¿cómo nací yo?
    —A ti te trajo la cigüeña.
    —¿Y tú, papá?
    —A mí me enviaron de París por correo.
    —¿Y mamá?
    —Sus padres fueron al huerto y se la encontraron debajo de una col.
    —¡Papá!
    —¿Qué?
    —¿Es que nunca ha habido un parto normal en esta casa?

W W W

En el gimnasio

Un grupo de hombres está en el gimnasio de un club y suena un teléfono. Uno de ellos contesta:
    —¿Sí?
    —Querido, ¿eres tú? ¡Se oye fatal!
    —¡Hola, hola!
    —¿Estás en el gimnasio?

—¡Sí!

—Estoy frente al escaparate de una peletería viendo un abrigo de visón precioso. ¿Puedo comprármelo?

—¿Cuánto cuesta?

—Unos 5.000 euros.

—¡Perfecto!, y cómprate también un bolso que haga juego, amor mío.

—Bueno…, resulta que también pasé por un concesionario, y pensé que ya es hora de cambiar el coche, así que entré y pregunté. Y adivina, resulta que tienen un BMW en oferta, pero es el último que les queda.

—¿Cuánto cuesta?

—Sólo 60.000 euros. ¡Y es divino!

—Bueno, cómpralo, y con todos los accesorios; si sube un poco más, no me voy a enfadar.

La mujer, viendo que todos sus caprichos «colaban», decidió arriesgarse:

—Cariño, ¿te acuerdas de que te conté que mamá quería venirse a vivir con nosotros? ¿Te parece bien que la invite por un mes, a prueba, y el mes que viene lo volvemos a hablar?

—Mmmm, bueno, está bien. Pero no me pidas nada más, ¿eh?

—Sí, sí, está bien. ¡Ay cuánto te adoro, mi amor!

—Yo también te quiero. Un besito. Te dejo. Chao.

Al colgar el teléfono, el hombre se gira hacia el grupo y pregunta:

—¿Alguien sabe de quién es este teléfono?

W W W

Apuestas de caballos

Un hombre está desayunando tranquilamente en la cocina de su casa. De pronto su esposa se acerca por detrás y le da un golpe en la cabeza:

—¿Qué significa este papel?

—¿Qué papel?

—¡Este que encontré en tu pantalón y que tiene escrito el nombre Casandra!

—Ah, es el nombre del caballo que me recomendaron para apostar ayer en el hipódromo.

Al día siguiente, de nuevo en la cocina, el hombre desayuna tranquilamente y la esposa llega por detrás y le da un golpe en la cabeza.

—¿Y ahora qué pasa?

—Tu caballo llamó anoche...

W W W

Tras 25 años en la cárcel

Un preso condenado a cadena perpetua se escapa después de pasar 25 años en la cárcel. Al huir, entra en una casa en la que duerme una joven pareja. El preso ata al hombre a una silla, y a la mujer la ata a la cama. A continuación, acerca su rostro al cuello de la mujer, luego se incorpora y sale de la habitación. Inmediatamente, arrastrando la silla, el marido se acerca a su esposa y le dice:

—Amor mío, este hombre no ha estado con una mujer en años. Lo he visto besando tu cuello, y aprovechando que ha salido quiero pedirte que cooperes y hagas todo lo que te pida. Si quiere tener sexo contigo, no lo rechaces y finge que te gusta. No hagas que se enfade. Nuestras vidas dependen de ello. Sé fuerte, mi vida; yo te quiero.

Ella contesta:

—Querido, estoy complacida de que pienses así. Efectivamente, este hombre no ha visto a una mujer en muchos años, pero no estaba besando mi cuello, sino diciéndome al oído que tú le gustas y quería saber si guardábamos la vaselina en el baño. Sé fuerte, mi vida; yo también te quiero.

Planificando

Una pareja de recién casados:

—Los lunes me voy al club de tenis, los martes juego al golf, los miércoles a las cartas, los jueves voy a las carreras, los viernes ceno con mis amigos, los sábados me voy a la bolera y los domingos al fútbol —le dice el marido a su esposa.

La mujer responde tranquilamente:

—Bueno, aquí todos los días se hace el amor a las doce... estés o no estés.

W W W

Genaro, el cotilla

Tanto insistió Genaro, conocido en su pueblo por su extrema curiosidad, en los problemas teológicos que le atormentaban, que el Vaticano accedió a su petición de audiencia con el Papa.

—Verá, Santo Padre, he leído detenidamente las Sagradas Escrituras. Entiendo lo de la concepción de la Virgen María, el milagro de los panes y los peces, la resurrección de Jesucristo, incluso la Santísima Trinidad. Pero tengo una gran duda.

—Dime, hijo mío.

—¿Qué fue de la carpintería de San José? ¿La vendieron? ¿La traspasaron?

W W W

Minuto de sarcasmo entre él y ella

Él: Cinco centímetros más y sería un rey.

Ella: Cinco centímetros menos y serías una reina.

Definición

Abogados: políticos en estado larval.

W W W

En el médico

Un matrimonio visita al médico. Tras examinar a la mujer, el médico le dice al marido:
— La verdad es que no me gusta el aspecto de su esposa.
— Ni a mí, pero es que su padre es rico.

W W W

Duda

¿De qué color se pondría un camaleón si se mirase en un espejo?

W W W

Avisos

El marido le dice a su mujer:
— ¿Me podrías avisar, por favor, cuando tengas un orgasmo?
— ¡Pero, mi amor, si me dijiste que no podía llamarte al trabajo!
Pelea

Un matrimonio circulaba en su coche por la montaña sin decirse ni una palabra debido a una pelea que acababan de tener. De repente ven varias mulas y cerdos. El esposo sarcásticamente pregunta:

—¿Familiares tuyos?

—Sí... mis suegros.

W W W

Recuerdos

—Pepe, Pepe, ¡qué felices éramos hace quince años!

—¡Pero si no nos conocíamos!

—Por eso, Pepe, por eso...

W W W

Votos

—Yo no voto personas, ¡yo voto ideas!

—¿Y si te doy un millón de euros?

—Pues voto a quien sea, porque la idea no es tan mala.

W W W

En la Marina

En la Comandancia de Marina:

—Buenos días, quería alistarme en la Marina.

—¿Sabe usted nadar?

—¿Qué pasa, es que aquí no dan barco?

Abuelita, abuelita

—Abuelita, abuelita, cierra los ojos.

—¿Por qué?

—Porque papá ha dicho que cuando tú cierres los ojos seremos millonarios.

www

Avería mecánica

Un físico, un químico y un informático van en un coche por la carretera. De repente, el coche comienza a hacer un ruido extraño. Lo paran y dejan el motor en marcha mientras elucubran sobre lo que sucede. El físico dice:

—Evidentemente, hay un problema de rozamiento entre los pistones, de ahí el ruido.

El químico replica:

—De eso nada, el ruido es debido a que la gasolina está mal mezclada.

El informático va y dice:

—¿Por qué no lo apagamos, lo encendemos, lo apagamos, lo encendemos?

www

Enfermedad mortal

En la consulta:

—Siento comunicarle, caballero, que padece una grave enfermedad mortal.

—¡Oh, doctor! Pero... ¿cuánto tiempo me queda de vida? ¿Un año? ¿Seis meses? ¿Tres? ¿Uno?

—Cinco, cuatro, tres, dos...

La patrona de los informáticos

¿Quién es la patrona de los informáticos?
Santa Tecla.

W W W

Mamá, mamá...

—Mamá, mamá, en la puerta hay dos extraterrestres...
—¿Dos extraterrestres, hijo?
—Sí, sí, son dos, y me han dicho: «Llama a tu madre, que somos de Planeta Agostini».

W W W

Prueba olímpica

Durante la final de la prueba olímpica de regatas un grupo de personas está en lo alto de un puente viendo pasar las embarcaciones. Cuando aparece la primera gritan:
—¡Cerdos! ¡Inútiles!
Los de abajo miran extrañados pero siguen. Llega la siguiente embarcación y dicen los de arriba:
—¡Cerdos! ¡Inútiles!
Los de abajo miran asustados pero siguen. Llega la tercera embarcación y la escena se repite:
—¡Cerdos! ¡Inútiles!
Y contesta uno de abajo:
—¡Tu puñetera madre!
Animados, gritan los de arriba:
—¡Estos son! ¡España! ¡Espaaaña!
El hotel

La abuela visita la ciudad por primera vez. Se registra en un hotel y el botones coge sus bolsas. Ella sigue al chico, y cuando la puerta se cierra, mira alrededor y exclama:

—¡Jovencito, puedo ser vieja y venir del campo, pero eso no quiere decir que sea estúpida! ¡He pagado mucho dinero y esta habitación no lo vale! ¡Es demasiado pequeña, y sin ventilación! ¡Si ni siquiera hay cama!

El chico la mira y dice:

—Señora, esta no es su habitación, ¡es el ascensor!

W W W

Condenas

Tres hombres son condenados a veinte años de prisión en solitario. A cada uno se le concede un único deseo que consiste en pedir algún objeto o persona que les acompañe durante toda la pena.

El primero pide una buena selección de libros. El segundo desea que le acompañe su mujer. Y el tercer hombre pide doscientos cartones de cigarrillos. Al transcurrir los veinte años, abren la celda del primer hombre, que sale y dice:

—He estudiado tan duramente que podría ser un brillante abogado. Ha sido fantástico.

Abren la puerta de la celda del segundo prisionero, y sale este con su esposa y cinco niños. Dice:

—Ha sido lo más maravilloso que me ha pasado en la vida. Mi mujer y yo nunca habíamos estado tan cerca. Tengo una familia preciosa y estoy encantado.

Por último, abren la puerta de la celda del tercer prisionero, y lo encuentran sentado y con las manos en los bolsillos, y les pregunta:

—¿Alguien tiene una cerilla?

Tartamudo

Llega un hombre a la ventanilla de un ministerio. Le preguntan cuál es su nombre:

—Ju-ju-ju-ju-an Ló-ló-ló-pez.

—¿Tartamudo?

—No, señor. El tartamudo era mi padre. Y el del Registro Civil era un graciosillo.

W W W

El ballet ruso

Dos amigos salen del teatro después de haber visto un ballet ruso.

—Pues si quieres que te diga la verdad, no me ha gustado mucho este ballet ruso.

—Pues ha tenido mucho éxito en su país.

—Vale, pero no me negarás que hay obras que pierden mucho cuando se traducen.

W W W

Colmo

¿Cuál es el colmo de un barbero?

Perder el tren por los pelos.

W W W

¡Los indios!

—¡Capitán, capitán, vienen los indios!

—¿En son de paz o en son de guerra?

—Pues yo creo que en son de cachondeo, porque vienen pintados y gritando.

W W W

Otro de indios

—¡Capitán, capitán, vienen los indios!
—¿Cuántos son?
—Mil uno.
—¿Te ha dado tiempo a contarlos?
—No, mi capitán, pero es que viene uno delante y unos mil detrás.

W W W

¡Qué susto!

Un pasajero le toca el hombro al taxista para hacerle una pregunta. El taxista grita, pierde el control del coche, casi choca con un camión, se sube a la acera y se mete en un escaparate haciendo pedazos los cristales.
Por un momento no se oye nada en el taxi, hasta que el taxista dice:
—Mire, amigo, nunca más vuelva a hacerme eso. ¡Casi me mata del susto!
El pasajero le pide disculpas y le dice:
—No pensé que se fuera a asustar tanto si le tocaba el hombro.
—Lo que pasa es que es mi primer día de trabajo como taxista.
—¿Y a qué se dedicaba antes?
—Fui el conductor de un coche funerario durante más de 25 años.

En la farmacia

—¿Me da una pastilla de ácido acetilsalicílico?
  —¡Vaya!, eso es una aspirina, ¿no?
  —¡Ah, eso, siempre se me olvida el nombre!

                  W W W

En la armería

—Buenos días, ¿tienen trajes de camuflaje?
  —¡Pues los trajimos ayer, sí, pero no los encontramos!

                  W W W

En clase

El profesor al alumno:
  —Venga, rápido, ¿cuántas son dos y dos?
  —¡Cinco!
  —No. Eso está mal.
  —Bueno, ¿usted qué ha pedido, rapidez o precisión?

                  W W W

Mamá, mamá…

—Mamá, mamá, ¿por qué papá tiene tan poco pelo?
  —Es que papá es muy inteligente y siempre está pensando.
  —Y entonces, ¿por qué tienes tú tanto pelo?
  —¡Calla y cómete la sopa!

El gato

—¿Por qué llora Carlitos?

—Porque le ha abierto la boca al gato para ver cuántos dientes tenía, y el gato la ha cerrado para ver cuántos dedos tenía Carlitos.

W W W

Mamá, mamá...

—Mamá, mamá, ¿es verdad que descendemos del mono?

—No lo sé, mi vida. Tu padre nunca quiso hablarme de su familia...

W W W

El intermitente

—Niño, sal del coche y mira si funciona el intermitente.

—Ahora sí, ahora no, ahora sí, ahora no, ahora sí, ahora no...

W W W

Duda

¿Por que los siete enanitos de Blancanieves, después de pasar ocho horas picando en la mina, vuelven cantando tan alegres? Aprendiendo un oficio

Un barbero le quiere enseñar el oficio a su hijo, así que le manda afeitar a un cliente. El chico se equivoca, y en vez de untar jabón en la cara del cliente le echa champú. El padre, al ver la equivocación, le suelta una bofetada, con la suerte de que el chico la esquiva y va a parar a la cara del cliente.

El muchacho prosigue el afeitado sin darse cuenta de que está usando la navaja de cortar el pelo, en vez de la de afeitar. El padre, al verlo, le arrea otro bofetón con la misma suerte que el primero, o sea, que también va a parar a la cara del cliente.

Al muchacho, temblándole el pulso por los nervios, se le va la mano y le corta la oreja al cliente, y este dice inmediatamente:

—Corre, chico, písala, que como la vea tu padre nos mata.

W W W

Papá, papá...

—Papá, papá, ¿dónde están los Pirineos?

—No lo sé, hijo mío. Pregúntale a tu madre que lo guarda todo por los cajones.

W W W

Petición de mano

Una pareja de novios decide casarse. El novio va a ver al padre de la novia para conocerlo y pedir su mano. El padre le pregunta:

—Así que os queréis casar, ¿eh?

—Sí, así es.

—¿Y ya has visto a mi mujer?

—Sí, pero me gusta más su hija.

W W W

En la panadería

—Señor panadero, mi madre dice que me dé una barra de pan, y si tiene huevos, una docena.
Y se llevó a casa doce barras de pan.

W W W

Bienvenido

—¿Tú cómo te llamas?
—Bienvenido.
—¡Anda, como mi felpudo!

W W W

Doctor, doctor...

—Doctor, doctor, ¿cómo ha ido la operación?
—¡Qué doctor, hombre, si soy San Pedro!

W W W

El armario

Una mujer compra un armario en unos grandes almacenes. Para que le saliera más barato lo compra desmontado. Cuando llega a su casa, lo monta y le queda perfecto, pero al pasar el metro (vive

justo encima de una estación) el armario se desmonta completamente. Lo monta de nuevo, pero al pasar el metro vuelve a caerse.

Tras el tercer intento, decide llamar a la tienda y le envían un técnico. Cuando llega le monta el armario, pero al pasar el metro de nuevo ¡brruuuuummmmm!, el armario se desmonta otra vez. Finalmente el técnico le dice a la señora:

—Mire, lo montaré otra vez y me meteré dentro. Así, desde dentro podré ver mejor qué ocurre cuando pasa el metro.

Y así lo hace. Justo cuando el técnico se ha metido en el armario aparece el marido.

—Cariño, ¡qué armario tan bonito!

Abre la puerta, ve al técnico y le dice:

—Pero, ¿usted qué hace aquí?

—Pues mire, le voy a decir que he venido a liarme con su mujer, porque si le digo que estoy esperando el metro no se lo va a creer...

W W W

Colmo

¿Cuál es el colmo de la fuerza?
    Doblar la esquina.

W W W

¿Cómo se dice...?

¿Cómo se dice nariz en italiano?
    Trampolini di moco.
Imbécil

85

Mi padre era imbécil: trabajaba en un banco y lo pillaron robando bolígrafos.

W W W

En la oficina

Un empleado acude al despacho de su jefe para que le suba el sueldo:
—Señor, debe usted subirme el sueldo, le advierto que hay tres compañías que andan detrás de mí.
—Ah, ¿sí? ¿Y puede decirme cuáles son?
—Pues la del teléfono, la del agua y la de la luz.

W W W

De mayor...

Un niño le pregunta a otro:
—¿Qué quieres ser de mayor?
—¿Yo? Imbécil.
—¿¡Imbécil!? ¿Por qué?
—Porque mi padre siempre dice: «¡Cuánta pasta tiene ese imbécil! ¡Qué tía más buena sale con ese imbécil! ¡Qué cochazo tiene ese imbécil!».

W W W

En el supermercado

—¿Me da un bote de veneno para matar cucarachas?
—¿Para llevar?
—¡Noooo! ¡Si le parece le traigo las cucarachas!
Caperucita

Va Caperucita por el bosque y se encuentra al lobo:
   —¿Dónde vas, Caperucita Verde?
   —A casa de mi abuelita, lobo daltónico.

🐺 🐺 🐺

Preguntas

—A ver, hijo, ¿cuánto es cuatro por cuatro?
   —¡Empate!
   —¿Y dos por uno?
   —¡Oferta!

🐺 🐺 🐺

Una mujer muy fea

Era una mujer tan fea, tan fea, pero tan fea, que cuando envió su foto por correo electrónico la detectó el antivirus.

🐺 🐺 🐺

Otro de leperos

¿Cómo adelgazan los leperos?
   Echan una botella de Fairy en una piscina y... ¡adiós a la grasa!
En Lepe

Un grupo de leperos se fue a jugar al polo.
Todavía los están buscando.

W W W

Pecadores

Llegan tres hombres a la puerta del cielo y San Pedro le pregunta al primero:
—¿Cuántos pecados has cometido?
—Doce.
—Pues da doce vueltas a la manzana y entrarás en el cielo.
Le llega el turno al segundo y San Pedro le pregunta:
—A ver, ¿tú cuántos pecados has cometido?
—Quince.
—Da quince vueltas a la manzana y entrarás en el cielo.
El tercero sale corriendo y San Pedro que lo ve marchar le grita:
—¿Adónde vas?
—A la Tierra, a coger mi bicicleta.

W W W

Muerte en Lepe

—El otro día se murió uno de Lepe.
—¿Y eso?
—Se puso a beber de un botijo, no supo parar el mecanismo y se ahogó.
Asesinato en Lepe

En Lepe han muerto cuatro personas: dos en un asesinato y otras dos en la reconstrucción de los hechos.

W W W

Un cruce

¿Sabes lo que sale si cruzas un burro y una tortuga?
    Un lepero ninja.

W W W

El lepero en la óptica

Un lepero va a la óptica.
    —Hola, buenas, quería unas gafas.
    —¿Para cerca o para lejos?
    —Para aquí, para Huelva, más o menos.

W W W

Rueda pinchada en Lepe

¿Cómo puedes saber si un conductor con una rueda pinchada es un lepero?
    Porque antes de cambiarla quita las cuatro ruedas, una por una, para ver cuál es la que está pinchada.
Un esqueleto en Lepe

En Lepe han encontrado un esqueleto detrás de un árbol. Ha sido identificado por la policía como el de Edelmiro, que ganó el año pasado una partida al escondite.

W W W

Proclama en Lepe

«Por orden del alcalde de Lepe se hace saber que para evitar más accidentes vamos a rellenar de agua la piscina municipal.»

W W W

Accidente en Lepe

Un helicóptero se ha estrellado en el cementerio de Lepe... La policía local informa de que se han encontrado varios miles de cuerpos.

W W W

En Lepe

Dos leperos, padre e hijo, están haciendo la siembra en su huerto. El niño mira el cubo que tenían al lado, y al verse reflejado dice:
—Papá, papá, ¡hay un hombre en el cubo!
El padre mira dentro del cubo, y pregunta:
—¿El tuyo tiene boina?
—No.
—Pues entonces hay dos.
El telegrama del lepero

Un lepero no encuentra trabajo y tiene que emigrar. Transcurridos

varios meses, el padre, que lo echa de menos, le manda un telegrama: «Quisiera verte. ¿Voy o vienes?».

El hijo contesta con otro telegrama: «Sí».

El padre, sorprendido, manda otro mensaje: «Sí, ¿qué?».

La respuesta no se hace esperar: «Sí, padre».

W W W

Atraco al banco

Dos hombres pasean tranquilamente por una avenida cuando de
repente ven un banco con dos grandes agujeros.

—¿Sabes? —dice uno de ellos—, este banco lo han atracado
unos de Lepe.

—¿Cómo lo sabes?

—Porque necesitaron dos agujeros, uno para entrar y otro para
salir.

W W W

En una excursión

—Ahora vamos a contar chistes.

—Yo me sé uno de Lepe.

—¡Por favor, que yo soy de Lepe!

—Bueno, lo contaré dos veces.

W W W

El filete de carne

Un lepero va por la calle con un filete de carne y una receta para
cocinarlo. De pronto se le cae la carne al suelo y antes de que pueda recogerla un perro la muerde y se larga corriendo. El lepero le
grita:

—Pero tonto, ¿para qué quieres la carne si la receta la tengo yo?

W W W

Colmo

¿Cuál es el colmo de la paciencia?
  Querer consolar a un sauce llorón.

W W W

Poco tacto

Fernando debe realizar un viaje largo y le encarga a su vecino que cuide al gato, al que quiere como si fuera su hijo. Pasados unos días, al llegar al hotel, se encuentra con un telegrama que dice: «Tu gato murió». A punto de sufrir un infarto, toma el primer avión a casa y, después de enterrar al animal, le reprocha muy molesto a su vecino:

—¡Pero qué imprudente eres! Así no se dan las noticias. Me podías haber enviado un telegrama diciéndome: «Tu gato se subió al tejado». Luego otro que dijera: «Tu gato se cayó del tejado». Después me podrías haber avisado de que estaba grave y, por último, decirme que se había muerto. Tienes que tener más tacto.

Pasado cierto tiempo, Fernando volvió a salir de viaje, y un día recibió un telegrama que decía: «Tu abuela se subió al tejado».

Matrimonio

Le pregunta el marido a su mujer:

—María, si te tocaran cien millones en la lotería, ¿dejarías de quererme?

—No, mi vida, pero te echaría mucho de menos.

W W W

La tortuguita

Una tortuguita comienza penosa y lentamente a subirse a un árbol. Después de varias horas de esfuerzo, cuando llega a la punta de una rama, salta y se da un tremendo golpe contra el suelo. Al rato, la misma tortuguita vuelve a hacer un gran esfuerzo y, lentamente, trepando como puede, llega a la rama, se tira al vacío y se vuelve a dar otro costalazo. Nuevamente, testaruda, hace otro tremendo esfuerzo y, después de mucho rato y muchos jadeos, llega a la rama, se vuelve a tirar, agita sus patitas y se pega nuevamente un gran golpe contra el suelo.

En el mismo árbol, en el extremo de otra rama hay una pareja de palomas mirándola con lástima. Entonces la paloma hembra le dice a la paloma macho:

—Oye, querido, ¿no deberíamos decirle que es adoptada?

W W W

Desesperado

Un amigo le dice a otro:

—¿Cómo te va la vida?

—Muy bien, ¿y a ti?

—¡Muy mal! Imagínate si me van mal las cosas que mi mujer se fue con otro y yo me fui con ellos...

El suicida

Un suicida a punto de saltar del décimo piso de un edificio. De pronto, llega su mujer, que lo ve a punto de tirarse y le grita:
—¡Oye, estúpido, yo te puse cuernos, no alas!

W W W

Llanto

Después del desayuno, el esposo dudoso le pregunta a su esposa:
—Mi amor, si yo muriese, ¿llorarías por mí?
—Claro, mi vida, ya sabes que yo lloro por cualquier cosa.

W W W

¡Pedro, Pedro!

Jesucristo desde la cruz empieza a llamar a Pedro a gritos:
—¡Pedro, Pedro!
Pedro se acerca corriendo mientras los romanos le tiran flechas; herido, sigue corriendo.
—¡¡Pedro, Pedro!! —continúa gritando Jesucristo.
Finalmente, Pedro llega arrastrándose, moribundo, y dice:
—Dime, Maestro...
—Mira, Pedro, desde aquí se ve tu casa.

W W W

Ford

—Oye, ¿te has fijado qué fortuna ha hecho Henry Ford con los coches?
—Pues anda, que su hermano Roque con los quesos...

Movimiento sísmico en Cuenca

Se recibe un fax de Houston en la comandancia de la Guardia Civil de Cuenca: «Próximo movimiento sísmico, epicentro localizado en Cuenca, se esperan 6-7 grados de la escala de Richter, rogamos informen».

A los dos años se recibe un fax en Houston procedente de la comandancia de la Guardia Civil de Cuenca: «Movimiento sísmico desarticulado, epicentro y sus secuaces a buen recaudo, a los 6-7 de Richter los tenemos localizados y rodeados. Disculpen que no hayamos escrito antes, es que aquí ha habido un terremoto de la hostia».

W W W

Voluntarios

El sargento dice:
—¡Dos soldados voluntarios a los que les guste la música!
Dan un paso al frente dos soldados.
—¡A bajar del quinto piso el piano de mi general!

W W W

En clase de zoología

El profesor de zoología le entrega a Jaimito una pata de pájaro y le dice:
—Viendo esta extremidad, dígame la familia, el género y la especie del animal, así como sus costumbres migratorias y el número de crías por nidada.
—Pero, ¿cómo le voy a decir todo eso con una sola pata?
—¡Está usted suspendido! A ver, dígame su nombre y apellido.

95

Jaimito se quita un zapato, le enseña el pie desnudo al profesor y le dice:
—Adivine.

¿Qué comen los cerdos?

Un inspector de sanidad llega a un criadero de cerdos y pregunta al criador:
—¿Qué le da de comer a sus cerdos?
—Pues les doy las sobras de la comida, basurillas y otras inmundicias que encuentro por ahí.
—Eso no está bien hecho. Deberá pagar usted una multa de más de 10.000 euros por dar de comer inadecuadamente a los animales.
El criador se queda sorprendido y totalmente molesto, pero paga la multa. Transcurrido cierto tiempo, llega otra persona que también le pregunta por la alimentación de los cerdos.
—Les doy salmón ahumado, entrecot a la pimienta y un postre de helado y pasas —contesta el criador muy orgulloso.
—¡Por Dios! Escuche bien, soy de la Plataforma por el Hambre Mundial, y lo que usted hace es una aberración. Le comunico que deberá pagar una multa de 10.000 euros por insolidaridad.
El criador ya no sabe qué hacer, pero paga religiosamente la multa. Al cabo de unos meses se presenta en su granja otro tipo y le pregunta también sobre la alimentación de los cerdos, y el criador le dice:
—¡Mire, yo les doy diez euros a cada uno y que se compren lo que quieran!

En la escuela

La maestra dice:

—A ver, niños, si yo digo: «Estoy buscando marido», ¿en qué tiempo estoy hablando?

Jaimito contesta:

—Tiempo perdido, señorita.

W W W

El robo en la joyería

Ha habido un robo en una joyería. Al llegar la policía encuentra todas las ventanas de la joyería rotas y a un viejo mendigo cerca de la puerta.

Tras mucho meditar, la policía determina que el mendigo es el ladrón de la joyería.

—Llevémoslo a la pileta del parque para que confiese —ordena uno de los agentes.

Lo llevan y lo meten de cabeza dentro del estanque. Al sacarlo le preguntan:

—¿Dónde están las joyas?

Pero el pobre viejo no contesta nada. Los agentes lo vuelven a meter de nuevo en la pileta, pero durante más tiempo, y le preguntan de nuevo:

—¿Dónde están las joyas?

El viejo sigue sin contestar. Lo meten una tercera vez, durante dos minutos. Entonces el viejo, desesperado, levanta una mano.

—¡Ya va a hablar! —dice uno de los policías.

Lo sacan y le preguntan:

—A ver, ¿dónde están las joyas? ¿Qué tiene que decir?

Y contesta el viejo:

—Que llamen a un buzo porque yo no veo nada en el estanque.

En la pajarería

Un tartamudo entra en una tienda de animales porque quiere comprar un loro.

—Enséñeme los… los… lo-looo-loros.

—Este vale 30 euros.

—¿Y no-no ti-ti-ti-tiene otro más baaa-baaa-raaa-to?

—Sí: este vale 20 y este, 15 euros…

—¿Y eeeese de aaaallí?

—300 euros.

—¿Por qué eeees tan… tan ca-caaa-caro?

Y dice el loro:

—Porque hablo mejor que tú, capullo.

W W W

En el cielo

Jesucristo estaba realizando uno de sus habituales paseos por el cielo, cuando de repente se cruza con un hombre de largas barbas, vestido con una túnica, con un rostro venerable. Mirándolo con una mezcla de emoción y sorpresa, Jesús le dice:

—Perdone, buen hombre, yo a usted le conozco de algo… Usted en la otra vida…

—Yo hace muchos años que ya no estoy en la otra vida. En la tierra era carpintero y tuve un hijo que se hizo muy famoso en toda la humanidad.

Al oír estas palabras, Jesús abraza al venerable anciano y grita:

—¡Padre! ¡Padre!

A lo que el viejo replica:

—¡Pinocho!

El cardenal

Un cardenal es invitado a una cena. En un momento aparece la sobrina de uno de los anfitriones con un escote abismal en el vestido. El cardenal se dirige a ella:
—Te digo, querida, que estás mostrando mucho más de lo que le conviene al pudor de una señorita.
—Y usted, cardenal, está mirando mucho más de lo que le conviene a un príncipe de la Iglesia...

W W W

En el paraíso

En el paraíso Eva está enfadada porque Adán siempre regresa tarde de trabajar.
—Como estoy solo debo hacer todos los trabajos, y eso me lleva mucho tiempo —le explica Adán.
Eva sospecha que Adán está con otra mujer y le dice:
—Estás con otra, y lo sé todo.
Adán, riéndose a carcajadas, le contesta:
—¡Estás loca, si tú eres la única mujer de toda la creación!
Y se van a dormir. A medianoche Adán se despierta repentinamente al sentir que algo punzante le pincha el pecho en varios lugares y ve a Eva sobre él.
—¿Qué haces? —le pregunta.
—¡Contándote las costillas!

W W W

Otro de Adán y Eva

Después de unos días, el Señor llama a Adán y le dice:
—Es tiempo de que tú y Eva empecéis el proceso de poblar la Tierra, de manera que quiero que beses a Eva.

—Sí, Señor, pero, ¿qué es un beso? —pregunta Adán.

El Señor le da una descripción breve a Adán, y este toma a Eva de la mano y la lleva detrás de un arbusto cercano. Después de unos minutos, Adán busca al Señor y le dice:

—Señor, ¡qué agradable ha sido!

—Sí, Adán, ya sabía que disfrutaríais. Ahora me gustaría que acariciaras a Eva.

—Señor, ¿qué es una caricia?

El Señor le hace una breve descripción a Adán sobre las caricias, y este se lleva de nuevo detrás del arbusto a Eva. Varios minutos después, Adán vuelve, sonriente, y dice:

—Señor, ha sido incluso mejor que el beso.

—Has hecho bien, Adán. Ahora quiero que hagas el amor con Eva.

—Señor, ¿qué es hacer el amor?

El Señor le da instrucciones de nuevo a Adán, y este se va con Eva detrás del arbusto. Pero al cabo de dos segundos reaparece:

—Señor, ¿qué es el dolor de cabeza?

W W W

El ataque de hipo

Una monja va al médico con un ataque de hipo que hace un mes que le dura.

—Doctor, tengo un ataque de hipo desde hace un mes que no me deja vivir. No duermo, no como, me duele el cuerpo de tanto movimiento compulsivo involuntario.

—Tiéndase en la camilla, hermana, que la voy a examinar.

La examina y le dice:

—Hermana, está usted embarazada.

La monja se levanta y sale corriendo de la consulta con cara de pánico. Una hora después, el médico recibe una llamada de la madre superiora del convento:

—Doctor, ¿qué le ha dicho usted a la hermana María?

—Verá, madre superiora, como tenía un fuerte ataque de hipo, le di un susto para que se le quitara y supongo que habrá resultad, ¿no? —dice el médico.

—Sí, a la hermana María se le ha quitado el hipo, pero el padre Juan se ha tirado del campanario.

W W W

Coca-Cola

Se presentan altos directivos de Coca-Cola ante Su Santidad en el Vaticano para hacerle una propuesta:

—Su Santidad, le ofrecemos un millón de euros anuales para que se cambie en el padrenuestro la frase «El pan nuestro de cada día...» por «La Coca-Cola nuestra de cada día...».

A lo que el Santo Padre responde:

—No podemos hacer eso, hijos míos.

Tras unos meses, los mismos directivos vuelven a visitar el Vaticano con otra propuesta:

—Su Santidad, nuestra empresa le ofrece tres millones de euros anuales por cambiar en el padrenuestro la frase «El pan nuestro de cada día...» por «La Coca-Cola nuestra de cada día...».

El Santo Padre responde:

—De ninguna manera podemos hacer eso, hijos míos...

Insistentes, pasados varios meses los directivos consiguen una nueva cita con el Sumo Pontífice y le presentan una nueva oferta:

—Su Santidad, nuestra empresa ha decidido ofrecer a la Iglesia la cantidad de diez millones de euros anuales para que se cambie en el padrenuestro la frase «El pan nuestro de cada día...» por «La Coca-Cola nuestra de cada día...».

El Santo Padre mira a su secretario y le pregunta:

—¿Cuándo termina nuestro contrato con los panaderos?

Golf celestial

Estaban Moisés, Jesús y un viejo jugando al golf. Llegan a un hoyo excesivamente difícil porque tenían que sortear un inmenso lago.

Empieza tirando Moisés; pero la pelota se hunde en el lago.

Entonces Moisés camina hasta él y levanta el palo de golf haciendo que se abran las aguas, baja hacia donde había quedado la bola y de un golpe la saca del fondo. Luego, con otro tiro la mete en el hoyo. La gente le aplaude emocionada.

Después, le toca el turno a Jesús. La pelota va hacia el lago, pero se detiene y queda suspendida sobre el agua. Entonces Jesús camina sobre las aguas y con un golpe preciso manda la pelota hasta el hoyo. La gente lo vitorea muy emocionada.

Por último, tira el viejo. La pelota va otra vez hacia el lago, cae en él y se hunde. De repente, sale del agua un pez con la pelota en la boca, pasa un águila y atrapa al pez en pleno vuelo, se aleja con el pez en el pico y, de pronto, de una nube negra sale un rayo que cae sobre el ave y la mata. El águila suelta el pez, el pez suelta la pelota... ¡y la pelota cae exactamente en el hoyo! Es la locura en el campo, la gente aplaude enloquecida.

Todos felicitan al viejo.

Jesús se acerca a él y le dice:

—Ostras, papá, se te ha ido la mano.

Colmo

Era una señora tan pequeñita, tan pequeñita, pero tan pequeñita, que en vez de dar a luz daba chispita.

El examen

—Manolito, espero no sorprenderte copiando en el examen.
—Pues yo también lo espero, señorita.

W W W

Examen oral

Durante un examen oral, el profesor le dice al alumno:
—Hábleme de los rayos catódicos.
—Los rayos catódicos..., los rayos catódicos... —trata de esforzarse el alumno—, pues Isabel y Fernando.
—¿Seguro? ¿Y los Reyes Católicos?
—Los Reyes Católicos fueron..., fueron... Melchor, Gaspar y Baltasar.
—¡Ah...! ¿Sí? Entonces, dígame alguna cosa sobre los Reyes Magos.
—Los Reyes Magos no existen, son los padres.

W W W

El cavernícola

Un pequeño cavernícola llega a la cueva después de salir del colegio. Le da las calificaciones a su padre, que las lee detenidamente y al rato dice:
—Mira, que repitas caza, lo comprendo, porque eres pequeño y todavía no puedes con la lanza. Que repitas agricultura te lo paso, porque es un rollo y al principio cuesta trabajo pillarle el truco. Que repitas pintura rupestre te lo perdono porque todavía eres pequeño y no coordinas demasiado bien. Pero... que repitas historia... ¡no fastidies, si apenas llevamos dos páginas!

Las notas

En una reunión de padres, una madre pregunta:
—¿Por qué mi hijo siempre saca cero en matemáticas?
—Porque no existe una nota más baja —contesta el profesor de matemáticas.

_W W W_

En el colegio

—Señorita, ¿se puede castigar a alguien por lo que no hizo?
—Por supuesto que no —responde la profesora.
—Menos mal, porque no hice los deberes...

_W W W_

Cualquier cosa

Una estudiante muy pero que muy guapa entra en el despacho de su profesor, comprobando que no hay nadie en el pasillo, y cierra la puerta.
—Profesor, yo haría cualquier cosa por aprobar su asignatura.
El maestro levanta la mirada desde su escritorio. Ella se le acerca seductoramente y le dice:
—Quiero decir que haría CUALQUIER cosa...
—¿Cualquier cosa? —le pregunta el profesor.
—Cualquier cosa.
—¿Cualquier cosa?
Ella se le acerca más y contesta de nuevo:
—Cualquier cosa...

El profesor acerca su rostro al de ella, y le susurra en el oído:

—Podrías... ¿¡estudiar!?

Se murió el gato

Un terrateniente se va por negocios a la ciudad durante dos semanas, y deja todo al cuidado de su capataz:

—Ya sabes, Manuel, cuida bien de todo.

—No se preocupe patrón, que no va a suceder nada.

—No sé, mira que a veces eres muy bruto.

Dos semanas después vuelve el terrateniente:

—Manuel, ¿alguna novedad?

—No, patrón, no ha pasado nada.

—¿Estás bien seguro? Mira que sé que a veces eres un poco bruto.

—Bueno, ahora que lo dice... Sí ha pasado algo, se murió su gato.

—¡Mi gato de angora! ¿Qué le pasó?

—Se murió de indigestión.

—¿Cómo que de indigestión? ¡Si sólo comía atún y caviar!

—Es que comió carne de caballo.

—¿De caballo? ¿De qué caballo?

—Pues de su caballo, patrón, es que se murió y había que aprovechar la carne...

—¡Bruto! Pero, ¿qué pasó con mi caballo? ¿De qué murió?

—Se murió del esfuerzo.

—¿Qué esfuerzo?

—Pues de cargar agua.

—¡Agua! ¿Para qué?

—Para apagar el incendio...

—¿Qué incendio?

—El de su casa, patrón...

—¿Mi casa de campo? ¿Qué le hiciste a mi casa?

—Nada, se quemó por la vela.

—¿Qué vela?

—La del velatorio de su esposa.

—¡Mi esposa infeliz! ¿Qué le pasó?

—Se murió de la impresión.

—¿Qué impresión?

—La de ver a sus hijos ahogarse.

El terrateniente desesperado y enfurecido persigue al capataz amenazándolo, cuando este suplicando le dice:

—¡Ya basta, ya basta, patrón! De haber sabido que se iba a poner así, no le hubiese contado lo del gato.

W W W

Escapando de la policía

Intentando escapar de la policía, un ladrón entra en un centro comercial. El comisario ordena a sus agentes:

—Quiero que cubran todas las salidas. ¡No puede escapar!

Los policías cubren todas las salidas del centro comercial; sin embargo, el ladrón escapa.

—Capitán, el ladrón se nos escapó.

—¿¡Qué!? ¿Pero no les dije que cubrieran todas la salidas?

—Es que el muy vivo se escapó por la entrada.

W W W

Puntualidad

Lo malo de ser siempre puntual es que nunca hay nadie allí para apreciarlo.

Corte de pelo

Un hombre en la peluquería.

—Mire, quiero que me corten el pelo de la siguiente manera: del lado derecho me lo deja a mitad de la oreja, del lado izquierdo que se vea toda la oreja. En la parte de atrás corte sin mirar, que se vean varios mechones menos. En la parte de arriba me corta mucho, si se puede ver el cuero cabelludo mucho mejor. Y en la parte frontal me deja un flequillo bien largo que llegue hasta la nariz.

—Pero, señor —dice el peluquero—, ese corte es muy raro, no lo puedo hacer.

—¿Cómo que no? Así me quedó la última vez que vine.

W W W

Recibo atrasado

Juan y su mujer están limpiando el trastero porque está muy desordenado y encuentran un recibo de un zapatero. La fecha señala que el recibo tiene once años. Los dos se ríen e intentan recordar quién de ellos se había olvidado de recoger el par de zapatos.

—¿Sería posible que todavía tuvieran los zapatos? —le pregunta Juan a su mujer.

—No lo creo —responde ella.

—¿Por qué no lo comprobamos?

Juan coge el recibo y se va al zapatero. Al llegar le da el recibo al dependiente, que lo examina y le dice:

—Espere un momento que voy a buscarlos.

Y desaparece. Después de un rato, Juan oye la voz del dependiente:

—¡Aquí están!

—¿De veras? ¡Qué suerte! No me lo puedo creer, después de tanto tiempo…

El dependiente vuelve al mostrador sin los zapatos y le dice:

—Estarán listos para el jueves.

En el cielo

San Pedro está despachando a los recién llegados al cielo:

—Hola, buenas eternidades, ¿cuál es su religión?

—Episcopaliano.

—Bien, vaya a la habitación 24, pero tenga cuidado de no hacer ruido al pasar delante de la habitación número 8.

El siguiente:

—¿Religión? —pregunta San Pedro.

—Musulmán.

—Bien, vaya a la habitación número 132, pero procure no hacer ruido al pasar por la número 8.

Otro más:

—¿Cuál es su religión?

—Soy baptista.

—Muy bien, pues vaya a la habitación 55 y procure no hacer ruido al pasar por delante de la número 8.

—Oye, San Pedro, tengo una curiosidad: puedo entender que haya una habitación para cada religión, pero ¿por qué debemos guardar silencio al pasar por delante de la habitación número 8?

Y responde San Pedro:

—Es que ahí es donde están los católicos, y se creen que son los únicos en el cielo.

WWW

Duda

¿Por qué no hay dos sin tres?

Transcripción

Conversación interceptada por radio en la costa de Finisterre (Galicia), entre gallegos y norteamericanos.

Gallegos (ruido de fondo): Por favor, desvíen su rumbo quince grados sur para evitar colisión...

Americanos (ruido de fondo): Recomendamos que desvíen su rumbo quince grados norte para evitar colisión.

Gallegos: Negativo. Repetimos, desvíen su rumbo quince grados sur para evitar colisión.

Americanos: Al habla el capitán de un navío de los Estados Unidos de América. Insistimos, desvíen SU rumbo quince grados norte.

Gallegos: Volvemos a repetir, les recomendamos que desvíen SU rumbo.

Americanos: Les habla el capitán del portaaviones de la Marina de los EE.UU. Lincoln USS, el segundo navío de guerra más grande de la flota norteamericana. Nos escoltan tres destructores, tres cruceros y numerosas corbetas de apoyo. Nos dirigimos hacia aguas del Golfo Pérsico para preparar maniobras militares.

Les ordeno por última vez que desvíen su curso quince grados norte. En caso contrario nos veremos obligados a tomar las medidas que sean necesarias para garantizar la seguridad de este buque y de toda tripulación. Ustedes pertenecen a un país aliado de Estados Unidos. Obedezcan inmediatamente.

Gallegos: Les hablamos desde un faro en la costa de Finisterre, Galicia. Somos dos personas. No tenemos ni pajotera idea de nuestra posición en el ranking de faros españoles. Nos escoltan un perro, nuestra comida y dos cervezas. Tenemos el apoyo de Cadena Dial de La Coruña y estamos en tierra firme. Pueden tomar las medidas que consideren oportunas y les dé la gana para garantizar la seguridad de su buque, pero, volvemos a insistir, lo mejor y más recomendable es que desvíen su rumbo.

Errores

¿Quiénes son los que entierran sus errores?
  Los médicos...

En el armario

El marido llega a casa sin avisar y la esposa tiene que esconder rápidamente a su amante en el armario. Una vez dentro, el amante se queda de piedra cuando oye una voz a su lado que le dice:
  —Está oscuro esto, ¿eh?
  Y entonces se da cuenta de que es el hijo, que estaba escondido en el armario mirando.
  —Cállate, Jaimito...
  —Creo que voy a estornudar.
  —No, por favor...
  —Pues dame dinero.
  —Toma diez euros, pero cállate.
  —Oye, de verdad que tengo unas ganas enormes de estornudar...
  —¡Qué niño! Anda, toma la cartera...
  —Vale, ya se me han pasado las ganas.
  Esa misma tarde Jaimito se compra una bicicleta de carreras nueva.
  Su madre se enfada muchísimo porque se huele algo turbio, y como el niño no suelta prenda, aunque ella le interroga durante toda la tarde, le manda ir a la iglesia a confesarse. Como Jaimito no está demasiado acostumbrado a los confesionarios, cuando le llega su turno, lo primero que hace es decir:
  —Está oscuro esto, ¿eh?
  —Jaimito, no empieces otra vez.

En la escuela rural

En una escuela rural, todos los alumnos han llegado tarde a clase. El profesor les pregunta el motivo.

—A ver, Pedrito, ¿por qué has llegado tarde?

—Porque cuando venía, mi caballo se tropezó con una piedra y se cayó. Tuve que venir caminando.

—¿Y tú, Martita?

—Yo venía en mi caballo y apareció una piedra y...

—¿Y tú, Eduardito?

—Por lo mismo, profe.

—¿Y tú, Jaimito? No me vengas con el cuento ese del caballo porque sé que no tienes.

—No, profe. A mí me ha traído mi padre en coche, pero con tantos caballos tirados por el camino...

W W W

La cigüeña

El padre de Jaimito le dice a su hijo:

—Mira, Jaimito, he hablado con la cigüeña para que te traiga un hermanito.

—¡Ostras, papá, con la de mujeres que hay y te has liado con una cigüeña!

W W W

Uno de locos

Hay un loco en el manicomio paseando una piedra atada a una cuerda. Se le acerca el director del centro y le pregunta:

—¿Qué, paseando al perrito, no?

—¡Pero qué perrito! ¿No se da cuenta de que es una piedra?

—Muy bien, muy bien, para que vea que soy sensible a las mejoras de nuestros pacientes le voy a dar el alta.

Eufórico, sale el loco a la calle con su piedra y le dice:

—¿Ves lo que te dije, Sultán? ¡Si no ladrabas le engañaríamos!

W W W

Mamá, mamá…

—Mamá, mamá, en la escuela me llaman mafioso.

—No te preocupes, hijo, yo me encargo.

—Bueno, pero que parezca un accidente.

W W W

Minuto de sarcasmo entre él y ella

Ella: ¿Cómo es que vienes a casa medio borracho?

Él: No es culpa mía, se me acabó el dinero.

W W W

Duda

Si alguien muere decapitado, ¿sigue sin cabeza en el cielo?

W W W

Mamá, mamá…

—Mamá, mamá ¿cómo es que tú eres blanca, mi papá negro y yo de piel amarilla?

—Ay, hijo, si supieras qué fiesta hubo aquel día, lo que me extraña es que no ladres...

W W W

Después de una hora

—Es inútil que espere, señor. Mi papá no volverá a casa.
—¿Por qué?
—Porque no ha salido.

W W W

La oveja negra

Un físico, un ingeniero y un matemático van en un tren por Escocia. Al mirar por la ventana ven una oveja negra.
—Ajá —dice el físico—, veo que las ovejas escocesas son negras.
—Hmm... —dice el ingeniero—, querrás decir que algunas ovejas escocesas son negras.
—No —dice el matemático—, todo lo que sabemos es que existe al menos una oveja en Escocia, y que por lo menos uno de sus lados es negro.

W W W

El sapo

Un científico estaba cruzando un río cuando un sapo lo llamó y le dijo:

—Si me besas, me convertiré en una hermosa princesa.

El científico se inclinó, cogió al sapo y se lo metió en el bolsillo. El sapo volvió a hablar, y dijo:

—Si me besas para que me convierta en una hermosa princesa, me quedaré contigo durante una semana.

El ingeniero sacó al sapo del bolsillo, le sonrió y lo volvió a meter en el bolsillo. Entonces el sapo gritó:

—Si me besas y me conviertes en una hermosa princesa, me quedaré contigo y haré CUALQUIER cosa que quieras.

De nuevo, el científico sacó al sapo, le sonrió y lo devolvió al bolsillo. Finalmente el sapo preguntó:

—¿Qué pasa? Te he dicho que soy una hermosa princesa, que me quedaré contigo durante una semana y que haré todo lo que quieras. ¿Por qué no me besas?

El científico dijo:

—Mira, soy científico. No tengo tiempo para novias, pero un sapo que habla, ¡eso sí que es interesante!

W W W

Llega el cartero

—Hay una carta para usted, señora. Ha llegado en avión.

—No me cuente historias, que he visto que llegaba en bicicleta.

W W W

¿Cómo se dice…?

—¿Cómo se dice: «El tren atropelló al perro» en francés?

—Le chuchu mató le guau guau.

Dentro de Windows

Error 005606: imposible detectar teclado, pulse una tecla para continuar.

W W W

¿Qué diferencia hay...?

¿Qué diferencia hay entre una persona normal y un programador de Microsoft?

Que una persona normal ve una bombilla fundida y directamente la cambia, y un programador de Microsoft intentará convencerte de que el estado normal de la bombilla es fundida.

W W W

Uno de informáticos

¿Cuántos informáticos se necesitan para cambiar una sola bombilla?

Cuatro. Uno que pregunta: «¿Cuál es el número de registro de su bombilla?»; otro que pregunta: «¿Ha intentado un reset?»; un tercero que pregunta: «¿Ha intentado reinstalar?», y el último que dice: «Debe de ser su hardware, porque la bombilla de nuestra oficina funciona muy bien».

W W W

El náufrago informático

Un ingeniero informático, después de muchos años trabajando sin parar, decide tomarse unas vacaciones: un crucero por

el Caribe. Estando en alta mar el barco naufraga a causa de un tremendo huracán. El informático, con la ayuda de un salvavidas, logra llegar hasta una hermosa isla desierta, llena de palmeras y plataneros.

Allí estuvo solo muchos meses. Ya había perdido toda esperanza de ser rescatado, cuando de repente un día llegó a la playa una pequeña balsa, con una chica hermosa que le dijo:

—Hola, yo vivo al otro lado de la isla. ¡No me digas que tú también ibas en el crucero!

—Sí —respondió el informático—, pero dime ¿cómo has conseguido esta balsa?

—La he hecho yo misma. Extraje el látex de algunas plantas y con árboles de eucalipto logré construirla.

—Pero, ¿qué herramientas usaste?

—Fíjate, encontré unas rocas muy raras que al ponerlas al fuego producen un metal muy moldeable que se puede trabajar muy fácilmente. Pero dime, ¿y tú? ¿Dónde vives? No veo nada por aquí que pueda protegerte.

—He estado debajo de estas palmeras todo este tiempo.

—Ven, te invito a mi choza.

El informático, asombrado, accedió.

—¿Quieres tomar algo? —le preguntó la mujer.

—No, gracias, si tomo más agua de coco, creo que voy a vomitar.

—No, mira, he logrado construir un pequeño sistema de destilación, así que podemos tomar auténticas piñas coladas.

—¿Quieres afeitarte la barba?

—Pero ¿cómo? ¿Con qué?

—Pasa al baño y dúchate, allí encontrarás lo que necesitas para afeitarte.

El hombre no salía de su asombro. Al salir del baño la mujer le dijo:

—Oye, después de tanto tiempo, ¿no te gustaría hacer algo que no has hecho en estos meses y que tanto nos gusta a los hombres y a las mujeres?

Él, intrigado y emocionado, le dijo:

—¡No me digas que has inventado una forma de revisar el correo electrónico!

W W W

Mamá, mamá...

Un niño esquimal en un iglú:
—Mamá, mamá, ¿qué es un rincón?

W W W

Papá, papá...

—Papá, papá, ¿cuál es la definición de engreído?
—Vaya, hijo, me alegro de que me lo hayas preguntado porque soy la mejor persona para responderla.

W W W

Perspicacia

Un hombre vuela en globo. De pronto se da cuenta de que está perdido, maniobra y desciende un poco. Divisa a un hombre abajo en la calle, y le grita:
—Disculpe, ¿podría usted ayudarme? Prometí a un amigo que me encontraría con él a las 2:00, llevo media hora de retraso y no sé dónde estoy...
—Claro que puedo ayudarle... Usted se encuentra en un globo de aire caliente, flotando a unos 30 metros encima de esta calle que está entre los 40 y los 42 grados de latitud Norte y entre los 58 y los 60 grados de longitud Oeste.
—¿Es usted ingeniero informático?

—Sí, señor. Lo soy. ¿Cómo lo ha sabido?

—Porque todo lo que me ha dicho es técnicamente correcto, pero aún no sé qué hacer con la información que me ha dado y continúo perdido.

—Y usted debe de ser jefe.

—En efecto, lo soy, pero... ¿cómo lo ha averiguado?

—Muy fácil: no sabe ni dónde esta, ni hacia dónde va... Ha hecho una promesa que no tiene ni idea de cómo cumplir y espera que ahora otro le resuelva el problema. De hecho, está exactamente en la misma situación en que se hallaba antes de encontrarnos... pero ahora, por algún motivo, resulta que es... culpa mía.

W W W

Peras

Están unas peras hablando en un peral. De repente, una de ellas se cae del árbol. Las demás peras se empiezan a reír de su compañera. La que se ha caído se da la vuelta y les dice:

—¿De qué os reís, inmaduras?

W W W

Doctor, doctor...

—Doctor, doctor, tengo un caso agudo de herpes, gonorrea, peste bubónica, sífilis y sida.

—No se preocupe, le ingresaremos en una habitación especial y le pondremos a dieta de pizza.

—¿Pizza? ¿Y eso me curará?

—No, pero es que es lo único que cabe por debajo de la puerta.

Escayola

—Pero, doctor, ¡me está usted cobrando diez euros sólo por escayolarme un brazo!
    —¿Y qué espera por ese precio? ¿Papel pintado?

W W W

Recién licenciado

—¿Conoces la historia de ese médico recién licenciado que quiso curar a un paciente de ictericia y estrabismo?
    —No, ¿qué le pasó?
    —Le quitaron la licencia cuando descubrieron que el paciente era chino.

W W W

En el mercado

Un árabe vendiendo sillas en el mercado.
    —¿Cuánto cuestan? —le pregunta un cliente.
    —Mil sitisientas.
    —¿Y si no me siento?

W W W

El supositorio

Un matrimonio de leperos va al médico, que le receta unos supositorios a la mujer. Al salir, se ponen a hablar entre ellos:
    —Oye, Mariano, ¿qué es un supositorio?

—Pues la verdad es que no lo sé.

—Entonces ¿cómo los voy a usar?

—Pues no sé. Mira, lo mejor es que entremos otra vez y se lo preguntemos al médico, que debe saberlo.

—No, hombre, no, que se va a enfadar.

—¡Qué se va a enfadar! Anda, mujer, no seas tímida.

Total, que vuelven a entrar a la consulta y la mujer le pregunta al médico:

—Esto… ¿nos podría decir cómo se usan los supositorios?

—Sí, claro. Tiene que sacarlos del envoltorio, con cuidado para que no se rompan, e introducírselos por el recto.

—Gracias, doctor.

Vuelven a salir y la mujer le dice al marido:

—Oye, Mariano, ¿qué es el recto?

—Pues no lo sé.

—¿Y ahora qué? ¿Cómo los voy a utilizar?

—Mira, Josefa, yo creo que lo mejor es que volvamos a entrar y le preguntemos.

—¡Que no, Mariano, que se va a enfadar!

—¡Anda, mujer! ¡Que no se enfada!

Total, que vuelven a entrar y le preguntan otra vez al médico cómo se usan los supositorios. Y este contesta:

—Mire, señora, le repito: los saca del envoltorio con cuidado para que no se rompan y se los mete por el culo.

—¿Ves, Mariano? Ya te dije que se iba a enfadar.

W W W

Mamá, mamá…

—Mamá, mamá, ¡tráeme un vaso de agua!

—Voy a ir para allá y te voy a dar un cachete.

—Pues cuando traigas el cachete te subes también un vaso de agua.

El balneario

—¿Este balneario es bueno para el reúma?
   —¡Toma, claro! Aquí lo cogí yo.

En el oculista

Va un hombre a revisarse la vista y le pregunta el oculista:
   —A ver, ¿qué letra es esa?
   —La A.
   —A ver, inténtelo de nuevo.
   —La A.
   —No, tiene que poner más atención. A ver, ¿qué letra es?
   —La A.
   —Me está poniendo nervioso. ¿Qué letra es?
   —La A.
   Se acerca el oculista al cartel... y dice:
   —¡Ostras, sí es la A!

¿Palomitas?

En el cine hay un hombre acostado en varias butacas. Se acerca
el acomodador y le dice:
   —¿Qué pasa? ¿Te traigo unas palomitas y una Coca-Cola?
   Y contesta el interpelado:
   —No, una camilla, que me he caído del piso de arriba.

En la consulta

Un paciente entra en la consulta del médico.
—¿Qué es lo que le ha traído por aquí? —le pregunta el médico.
—Una ambulancia, ¿por qué?

WWW

Mamá, mamá...

—Mamá, mamá, en el colegio me llaman hijo de vaca.
—Muuuuuuuuurmuraciones, hijo, muuuuuuuuurmuraciones.

WWW

Mamá, mamá...

—Mamá, mamá... ¿Qué tienes en la barriga?
—A tu hermanito —responde la madre.
—¿Lo quieres mucho, mami?
—Muchísimo, Jaimito.
—Entonces, ¿por qué te lo comiste?

WWW

Catástrofe

—Piloto llamando a base. Piloto llamando a base. El motor derecho no funciona.
—Base llamando a piloto. Base llamando a piloto. Apague el motor derecho e intente aterrizar sólo con el izquierdo.

—Piloto llamando a base. Piloto llamando a base. No tengo gasolina en el motor izquierdo.

—Base llamando a piloto. Base llamando a piloto. Intente planear.

—Piloto llamando a base. Piloto llamando a base. No funcionan los alerones de cola.

—Base llamando a piloto. Base llamando a piloto. Repita con nosotros: Padrenuestro que estás en los cielos...

W W W

Deberes

El padre le dice al niño:

—Me temo que algún día tu profesor se va a dar cuenta de que soy yo el que te hace los deberes.

—Papá, creo que ya lo sabe. Ayer me dijo que le parecía imposible que yo solo pudiera hacer tantos disparates.

W W W

En la pescadería

Un jorobado entra en una pescadería y le pide al pescadero:

—¿Me pone bonito?

A lo que el pescadero responde:

—¿Pero se cree usted que esto es Lourdes?

W W W

Roquefort

Una mujer quiere comprar queso.

—¿Me asegura usted que el roquefort es auténtico y que los gusanos están vivos?

—Sí, señora, de verdad.
—Bueno, pues póngame medio kilo.
—¡Manolo, suelta el queso!

W W W

Récord mundial

Un atleta acaba de batir el récord mundial de los cien metros lisos. Acuden todos a felicitarlo y le oyen murmurar:
—¡Como coja al tío que me ha metido el avispero dentro de los pantalones...!

W W W

Al exorcista

Un borracho llega a su casa cantando y haciendo mucho jaleo. En eso se asoma un vecino y le susurra:
—¡Pss! ¡No haga ruido que su mujer se va a despertar!
—No se preocupe —le dice el borracho—; cuando llego así, mi mujer y yo jugamos al exorcista.
—¿Ah sí? ¿Y cómo es eso?
—Bueno, pues ella me sermonea... ¡y yo vomito!

W W W

En el restaurante

—¡Camarero, hay un ratón en mi sopa!
—No se preocupe, señora, ¿no ve que está muerto?

Albañiles

—¡Manuel, súbeme los ladrillos! —pide el albañil desde el cuarto piso de la obra.

Manuel le sube los ladrillos.

—Esos no, animal, los ladrillos de tabiques.

Manuel baja los primeros y sube los de tabiques. Al cabo de un rato:

—¡Manuel, súbeme el cemento!

Manuel carga un saco de cemento de 50 kilos y lo sube.

—Pórtland no, animal, cemento rápido, necesito cemento rápido.

Manuel baja el saco de 50 kilos de pórtland y sube el saco de cemento rápido. Al cabo de un rato:

—¡Manuel, súbeme el agua!

—¿La quieres con gas o sin gas?

W W W

Uno de caníbales

El hijo del caníbal, viendo un avión, pregunta a su padre:

—¿Cómo se come ese pájaro, papá?

—Pues como el marisco, hijo, sólo se come lo de dentro.

W W W

Otro de caníbales

El brujo de una gran tribu de caníbales está recetando a un enfermo:

—Sobre todo, siga el régimen de las carnes blancas: daneses, suecos, rusos, etc.

El gordo de Navidad

Quince días antes del sorteo de la lotería de Navidad, un catalán está en la iglesia pidiéndole a Dios:

—Mira, Señor. Me tienes que ayudar. Tienes que hacer que gane el gordo de la lotería. Nunca te he pedido nada antes, por favor, Dios.

Pero ese año no le toca nada. Al año siguiente vuelve a la iglesia:

—Por favor, Dios mío, haz que este año me toque el gordo de Navidad.

Pero ese año tampoco le toca. El siguiente ocurre lo mismo: el catalán se pasa un mes rezando, pero no le toca. Y al siguiente..., y al siguiente..., y al siguiente... Hasta que Dios, harto y cansado, se le aparece al catalán con una resplandeciente luz y un trueno muy sonoro, y con una grave voz le dice:

—Hijo mío, yo te quiero ayudar, pero ¡compra el décimo por lo menos!

W W W

El crucifijo

Una pareja de recién casados de pueblo va a visitar a unos parientes en la capital. El recién marido, cuando le enseñan el piso que tienen los familiares de la ciudad, no hace más que exclamar:

—¡De esto no hay en el pueblo! ¡Esto sí que es bonito!

La pobre novia, empequeñecida por tantas maravillas y adelantos, está muy cohibida, pero al entrar en el dormitorio dice con una gran sonrisa:

—Mira, Pepe, el crucifijo es de la misma marca que el nuestro, también es INRI.

Relación monetaria

¿Cuál es la relación monetaria entre el dólar, la libra y el peso cubano?

Que una libra de pesos cubanos vale un dólar.

W W W

El papagayo

Un mago era la atracción de un crucero marítimo, pero su papagayo le arruinaba continuamente el espectáculo con sus intervenciones. El papagayo anticipaba los trucos diciendo:

—Tiene el as en la manga, tiene el rey de trébol en el bolsillo, la paloma ha salido por un agujero del sombrero...

Y así continuamente.

Una noche, tras una colisión con un escollo, el barco se hunde y papagayo y prestidigitador se encuentran, solos, en un bote salvavidas, a la deriva. Durante varios días, el papagayo está callado mirando inquisidoramente al prestidigitador. Finalmente, no puede más y le dice:

—De acuerdo, finalmente me rindo. ¿Qué has hecho con el barco?

W W W

Un catalán atropellado

Dos catalanes están charlando en medio de la carretera. De pronto viene un coche a toda velocidad y atropella a uno de ellos. El otro no sabe cómo anunciar a la esposa de su amigo que este ha muerto.

Va a su casa, llama al timbre y pregunta:

—¿La señora viuda Casals?

—Yo soy la señora Casals, pero no soy viuda, señor.
—¿De verdad, señora?
—De verdad, caballero.
—¿Qué se apuesta?

WWW

Escuchar música

Un chico le propone a una chica:
—¿Por qué no vamos a mi casa a escuchar discos?
—Vale, si me prometes que sólo iremos a escuchar discos.
—Prometido.
—¿Y si no me gustan?
—Pues nos vestimos y te llevo a tu casa.

WWW

Un grano de arena

Va un grano de arena andando por la calle y cuando llega a la playa, dice:
—¡Guau, qué ambientazo!

WWW

La lubina

—Por favor, camarero, ¿puede freírme un poco más la lubina? Es que se ha comido toda la guarnición.

En la cuadra

—Oye, Juan, ¿tus vacas fuman?
  —No, ¿por qué?
  —Entonces se te está quemando la cuadra...

W W W

Minuto de sarcasmo entre él y ella

Él: ¿Ensayamos una posición diferente esta noche?
  Ella: Buena idea; tú te pones al lado de la tabla de planchar y yo me siento en el sofá a ver la televisión.

W W W

El elefante

Una de las atracciones de una feria es una caseta en la que hay un elefante. Previo pago de una entrada de tres euros se recompensa con cien euros a quien consiga que el elefante mueva la cabeza. Los más fuertes del pueblo lo han probado tirándole de la trompa, colgándose de las orejas, etc., pero nada, el elefante ni se inmuta.

Finalmente entra un enano, paga la entrada, coge dos piedras y golpea con ellas al elefante en sus partes nobles. El elefante no sólo mueve la cabeza, sino todo el cuerpo, casi tira la caseta. El enano se lleva el premio.

El año siguiente, en la feria está de nuevo la misma atracción. Después del fracaso de los más forzudos, aparece el enano, pero el dueño se opone diciendo:

—Usted no puede participar porque el año pasado tuve que gastarme un dineral en diez litros de penicilina y antiinflamatorios.

—¿Y si lo hago sin tocar al elefante?
—Bueno, en ese caso sí.
El enano coge de nuevo dos piedras, se pone frente al elefante, lo mira, golpea una piedra contra la otra y le dice:
—¿Te acuerdas del año pasado?
A lo que el elefante asiente con la cabeza.

W W W

¿Cuál es la diferencia...?

¿Cuál es la diferencia entre un taxidermista y un abogado?
El taxidermista se contenta con tu piel.

W W W

Uno de barcos

Dice el capitán:
—¡A abordar el barco!
Y el barco quedó divino...

W W W

¡Feliz año nuevo!

Un matrimonio de ancianos está durmiendo tranquilamente. A las tres de la mañana el marido se despierta:
—¡Feliz año nuevo! ¡Feliz año nuevo!
Ella contesta:
—¡Si estamos en mayo! ¿Qué dices? Estás soñando.
—¡Feliz año nuevo! ¡Feliz año nuevo!
Le pone la dentadura postiza.
—¡Felisa, me muero! ¡Felisa, me muero!

El elefante y la hormiga

Un elefante y una hormiga llegan juntos al Registro Civil. El elefante, muy avergonzado, dice tímidamente:
—Venimos porque nos queremos casar.
La hormiga al escucharlo corrige sin demora:
—Venimos porque nos TENEMOS que casar.

W W W

En el Amazonas

Todas las hormigas de una zona de la selva del Amazonas se reúnen con el fin de buscar una solución que las salve de una terrible agonía: el elefante que todas las tardes con sus pisadas mortíferas destruye sus hormigueros. La hormiga líder comienza a hablar:
—Debemos poner fin a este problema, debemos ingeniárnoslas para evitar que ese estúpido elefante siga destruyendo lo que nosotras construimos con tanto esfuerzo. Propongo que nos organicemos y le tendamos una emboscada: que 5.000 de nuestras hermanas se suban a los árboles y lo ataquen con flechas, que otras 7.000 permanezcan escondidas entre los matorrales para herirle en las piernas y que otras 3.000, francotiradoras, se escondan entre la maleza, a la altura de su cabeza, para tirarle piedras a los ojos.
Todas las hormigas, inmersas en una emoción indescriptible, desarrollan el plan. Por fin, esa tarde, cuando el elefante se acerca... todas las hormigas escondidas entre los matorrales son aplastadas por sus gigantescas patas, las 5.000 que estaban subidas a los árboles son aniquiladas con un simple estornudo del animal y las 7.000 francotiradoras son derribadas fácilmente con un tranquilo movimiento de la trompa del paquidermo. Todas caen al suelo excepto una, que logra col-

garse del cuello del elefante. Sus compañeras, moribundas, al verla gritan eufóricas:

—¡Ahórcalo, ahórcalo!

W W W

¿Por qué...?

¿Por qué los días de sol las hormigas no cruzan la calle?
Porque el hormigón está caliente...

W W W

Duda

¿A qué se dedica el Ratoncito Pérez? ¿No venderá marfil robado en el mercado negro?

W W W

Los gatos

Dos ladrones en la puerta de la casa de una anciana no se deciden sobre cuál de ellos entrará a robar. Finalmente, entra el primero y cuando estaba en plena acción, tira al suelo una lámpara y la anciana grita:

—¿Quién anda ahí?
El ladrón dice:
—Miauuuuu.
Y sale corriendo.
A la siguiente noche, el primer ladrón le dice al otro:
—Hoy te toca a ti.
—Si hago ruido, ¿qué hago? —pregunta el otro.

—Di miau y sal corriendo.

Dicho y hecho. Entra el segundo ladrón en la casa y empieza a robar. De repente tira al suelo un jarrón, y se oye a la anciana:

—¿Quién anda ahí?

El ladrón contesta:

—¡El otro gato!

W W W

El médico

Uno que va al médico y le dice:

—Doctor, quiero un espejo retrovisor para el coche.

Y le dice el médico:

—Esto es una consulta médica.

El tipo contesta:

—Pues ayer vino mi primo y le dio un volante.

W W W

¡Qué vago!

Se acerca un individuo al portero de una sala:

—Oiga, ¿es aquí donde se celebra el concurso de vagos?

—Sí, señor, entre usted.

—No, a mí que me entren.

W W W

El mejillón

Hay un mejillón pequeño llorando desconsoladamente en la playa. Un cangrejo lo ve y le pregunta:

—¿Qué te pasa, pequeño?

—¡Buaaa! Que mi mamá se fue ayer a un cóctel y aún no ha vuelto...

W W W

¡Qué asco de vida!

Una hormiguita liga con un elefante, y en mitad del asunto al elefante le da un ataque al corazón y se muere. Ella se da cuenta y piensa: «¡Qué asco de vida! Quince minutos de pasión y el resto de tu vida excavando una tumba...».

W W W

Dedo «baginal»

La escena ocurre en la casa de un árabe. El hijo le cuenta a su padre:

—¡Babá, babá! En el colegio me han rebrobado.

—¿Bor qué, hijo? Cuéntale a tu badre.

—Borque no he sabido los nombres de los dedos de la mano, babá.

—Hijo, yo te contaré los nombres de los dedos de la mano y bor qué es importante saberlos. El brimero es el legal, sirve bara firmar los babeles importantes. El segundo es el autoritario, sirve bara dar las órdenes. El tercero es el baginal, ya sabrás por qué... El cuarto es el matrimonial, allí te bones el anillo de bodas. Y el quinto es el buscador: busca en la nariz, busca en las orejas...

—Entiendo todo lo que me dices, babá, pero no me ha quedado muy claro bara qué sirve el tercero...

—Ah, el tercero es el baginal. Sirve bara basar las báginas al leer: bágina uno, bágina dos...

Astutos

Un andaluz va a un confesionario y, como le daba un poco de cor-
te hablar con el cura, le pasa un papel y le dice:
—Léalo, padre.
En el papel ponía: «SPK o SSK».
—¿Qué es esto?
—Pues está claro: se peca o se seca.
El cura le devuelve el papel y le dice:
—Hijo, sólo te puedo decir que lo leas al revés.
El tipo coge el papel, le da la vuelta y lee: «Cásese o cápese».

W W W

¿Cómo se dice...?

¿Cómo se dice esposa en africano?
    Chinga chinga.

W W W

Clase de anatomía

El profesor de anatomía pregunta al alumno:
    —¿En cuántas partes se divide el cuerpo?
    —Bueno, depende del golpe...

W W W

¿Hay alguien?

Llama Juan a casa de su hermano. Le abre la puerta su sobrino:
    —Hola, Jorgito, ¿está papá?

—No, está ocupado.
—¿Está mamá?
—No, está ocupada.
—¿Y el abuelo?
—No, está ocupado.
—Bueno, ¿y la abuela?
—No, está ocupada.
—Pero dime, ¿qué están haciendo?
—Buscándome.

W W W

La azafata nueva

En un vuelo, el piloto habla a los pasajeros dándoles la bienvenida y al acabar se olvida el micrófono encendido. Cuando terminan de despegar, le comenta a su copiloto:

—Bueno, y ahora voy a tomarme un cafecito; cuando termine me voy a liar con esa azafata rubia que empezó a trabajar el otro día y que me parece que está muy receptiva.

El pasaje completo escucha el comentario, incluida la azafata, que estaba justo en medio de los pasajeros, que la miraban con sonrisitas contenidas. Se pone colorada y sale corriendo hacia la cabina del avión a apagar el maldito micrófono y a ajustar cuentas con el engreído piloto. Cuando está llegando a la cabina la frena una anciana y le dice:

—No corra, hija, que no hay prisa. ¿No ve que el piloto ha dicho que primero se va a tomar un cafecito?

W W W

En un club nudista

Un tipo entra en un club nudista y, por supuesto, deja en la entrada toda su ropa, por lo que está más desnudo que Adán en el paraí-

so. A medida que va recorriendo un bosque encuentra colgados diferentes carteles. Uno por arriba que dice: «Cuidado con los violadores». Otro a la derecha que dice: «Cuidado con los depravados». Otro colgado de un pino que dice: «Cuidado con los degenerados». En una de esas se acerca a leer un cartelito que estaba en el suelo que decía: «Demasiado tarde».

W W W

El día de la madre

Dos argentinos se encuentran en la calle:

—Martín, ¿qué hacés este domingo? Te invito a un asado.

—Disculpadme, Fede, pero vos sabés que este domingo es el día de la madre, y en mi casa ese día es sagrado.

—¿Pero tanto es así, ché?

—Sí, fíjate que mi vieja antes de venir a España con los cinco hijos que estaba criando me tuvo a mí, tuvo a Vicencio, luego a Joaquina, luego a los gemelos, en fin, mi vieja es una madre modelo. Y vos sabés que este domingo nos juntamos los diez hermanos para festejarle el día a la vieja.

—¿Y qué le van a regalar?

—Un pasaje para que haga un *tour* por la selva amazónica y luego de ahí al Congo.

—Pero, ché, ¿no es muy lejos?

—Bueh, todo sea para que no la encuentre mi viejo.

W W W

Un aparcamiento, por Dios

Un ejecutivo sale tarde de casa y está preocupadísimo porque tiene que dar una charla en una reunión importantísima. Total, que va a llegar tarde, y desesperado promete:

—Dios, por favor, dame un espacio para aparcar enfrente del trabajo para que no llegue tarde a la reunión, y a cambio iré a misa todos los domingos.

Llega al trabajo y, efectivamente, hay un sitio para aparcar justo enfrente de la puerta.

—Nada, Dios, olvídalo, ya he encontrado yo un sitio.

W W W

En el lejano Oeste

En la barra del saloon.

—Un *whisky* doble antes de que llegue.

Después de servírselo le pregunta el tabernero:

—¿Antes de que llegue quién?

—El momento de pagar. No tengo ni un centavo.

W W W

El impermeable

Jordi lleva el mismo impermeable desde hace más de treinta años, y el pobre está que da pena. Por fin se decide a comprarse uno nuevo y se dirige a la misma tienda donde compró el anterior:

—¡Aquí estoy otra vez!

W W W

Imaginar

El director de teatro explica una nueva obra a los actores:

—En el primer acto no hay decorado, el público tendrá que imaginar que la acción se desarrolla en un jardín. En el

segundo tampoco hay decorado, el público tendrá que imaginar que la acción se desarrolla en una cafetería. En el tercero...

—En el tercero —lo interrumpe un actor— nosotros tendremos que imaginar que hay público en el teatro.

W W W

De titanio y madera

Llega un señor a la consulta del urólogo y le dice que tiene un
testículo de titanio y otro de madera. El doctor le pide que se des-
nude para examinarlo.

—Pero, oiga, ¿y usted con eso lleva una vida normal? —le pregunta sorprendido.

—Sí, doctor, es más, estoy casado y tengo dos hijos que me
están esperando fuera.

El médico se sorprende y le pide que los llame para conocer-
los.

—¡Cómo no, doctor!

Y el tipo se asoma a la puerta y grita a todo pulmón:

—¡¡Robocooop, Pinochooo!!

W W W

El viajante

Un viajante de comercio para su coche en el arcén de la carretera
y sube a una jovencita que hacía dedo. Después de charlar anima-
damente durante un rato, deciden parar en un bar a tomar algo y
acaban en la habitación de un motel. Mientras la joven se desvis-
te el hombre le pregunta:

—Dime, ¿cuántos años tienes?

—Trece.

—¡Por Dios! ¡Vístete inmediatamente y vete de aquí! —le ordena el viajante alarmado.

—¡Mierda! ¡Otro supersticioso!

W W W

Independencia de la India

¿Cuándo se independizó la India?

Cuando el indio le dio el divorcio.

W W W

¿El sexo o la Navidad?

Le preguntan a uno:

—¿Usted qué prefiere, el sexo o la Navidad?

—La Navidad.

—¿Por qué?

—Porque ocurre más a menudo.

W W W

Pues si se trata de mentir...

Se encuentran dos tipos:

—¡Hombre, Manolillo! ¿Qué tal el fin de semana? Has ido a la playa, ¿no?

—Pues, sí, fui a la playa con mi mujer y los niños, y estando al lado de la ría, donde se ponen los pescadores, se me cayeron unas migas del *frankfurt* que iba comiendo y vi que los peces se desesperaban por comerlas, así que ni corto ni perezoso saqué la salchicha, la metí en el agua y se prendió

un besugo. Tiré de él y lo saqué del agua. ¡No sabes qué besugo! ¡Veinte kilos pesaba!

—¡Vaya pedazo de bicho!

—Pues como lo oyes, ¿y tú?

—¡Calla, no me hables que estoy en un lío tremendo!

—¿Qué te ha pasado?

—Pues nada, que me fui a cazar y se me apareció un ciervo. Sin pensarlo dos veces le apunté y lo dejé seco.

—Pero, ¿no estamos en veda?

—¡Claro! Ahí empezó el lío. Además, cuando me acerqué, resultó que era una hembra y que estaba preñada. Cogí una pala y me puse a cavar un agujero para enterrarla, pero cuando ya estaba casi listo, apareció el guarda.

—¡Qué multa debió ponerte!

—¡Qué va! Nervioso como estaba no se me ocurrió otra cosa que pegarle dos tiros.

—¡Aaaaaah! ¡A la cárcel, Manolo!

—Que no. ¿No ves que tenía hecho un hoyo? Pues nada, con enterrar al guarda junto al ciervo se acabó el problema.

—Vas a ir a la cárcel por burro, Manolo.

—¡Ssshh! ¡Habla más bajo! Lo malo fue que cuando estaba metiendo al guarda en el pozo apareció una pareja de policías.

—¡Aaaay! ¿Qué hiciste, Manolo?

—¿Qué quieres? ¿Que me metan en la cárcel? ¡Les pegué cuatro tiros a los dos! Total, con hacer más grande el agujero...

—¡Aaaaayyyy! ¡A la cárcel para toda tu vida, Manolo!

—¡Ssshh! ¿Quieres hablar más bajo? Lo peor fue que cuando estaba agrandando el agujero se acercó por la carretera un autobús y al ver el coche se paró. Era un autobús lleno de turistas ingleses. ¿Lo puedes creer, Federico?

—¡Ay, no me embromes, Manolo, que te conozco! A ver, ¿qué les hiciste a los turistas?

—Mira, Federico... ¡Ya le estás sacando kilos a tu maldito besugo o yo me cargo a todos los ingleses ahora mismo!

Querida

—Querida, ¿qué hace ese hombre debajo de la cama?
   —Debajo no sé, pero encima hace maravillas, maravillas...

W W W

¡Y con mi mejor amigo!

El marido llega temprano a casa y al ir al dormitorio encuentra desnuda en la cama a su mujer con su mejor amigo, Pedro.
   —Laura, no lo puedo creer. Te lo he dado todo, conmigo nunca te ha faltado de nada, siempre te he sido fiel. ¡Por qué me haces esto, y con mi mejor amigo! ¿Y tú, Pedro? Somos amigos desde pequeños, y nunca pensé que me pudieras hacer esto... Pedro.. —gritando—. ¡Pedro! ¡¡Pedro!! ¿Puedes parar un momento?

W W W

Duro bistec

—¡Camarero, llevo media hora intentando cortar este bistec!
   Y el camarero contesta:
   —No hay problema, señor. No cerramos hasta dentro de cinco horas.

W W W

El cielo

¿Cómo sabemos que el cielo no es verde y nosotros no somos daltónicos?

Uno de cuernos

Una tarde el marido llega temprano a casa después de trabajar y encuentra a su mujer en la cama, sin aliento y visiblemente alterada.

—¿Qué te pasa, querida?

—Yo... yo... no sé... —tartamudea ella.

—Puede que tengas un ataque al corazón.

El marido muy asustado baja rápidamente las escaleras para llamar por teléfono al médico. Mientras está marcando el número, su hija entra en la habitación muy excitada:

—Papá, papá, hay un hombre desnudo en el armario.

El hombre cuelga el teléfono, sube los escalones de dos en dos, abre la puerta del armario y encuentra dentro a su mejor amigo.

—¡Pero por Dios! Mi mujer en la cama con un ataque al corazón y tú jugando al escondite con los niños.

W W W

Definición

Ingratitud: morder la mano que te alimenta y luego quejarte de indigestión.

W W W

Un rechazo

En el quirófano de un prestigioso hospital se lleva a cabo una complicada intervención. El jefe de cirugía irrumpe en la sala:

—¡Detengan todo, detengan la operación! ¡Ha habido un rechazo!

—¿Un rechazo? —interviene otro médico—. ¿El riñón trasplantado o los injertos?

—El cheque, el cheque, lo rechazaron porque no tiene fondos.

W W W

Doctor, doctor...

—Doctor, doctor, todo el mundo me ignora.
—¡El siguiente!

W W W

Paciente alcohólico

Tras examinar a un paciente alcohólico, el médico le dice:
—No encuentro el motivo de su dolor de estómago, pero francamente creo que es por culpa de la bebida.
—Bien, entonces volveré cuando esté usted sobrio.

W W W

Dilatación por calor

—Jaimito, dime un ejemplo de dilatación debido al calor.
—Mmmm... En verano los días son más largos.

W W W

El traje de Eva

La mujer mira al marido, que está tumbado en la cama viendo el partido de fútbol, y le dice:

—Mira, Manolo, como es nuestro treinta aniversario me he puesto el traje de Eva.

—Vale, Josefa, ¡pero te lo podrías haber planchado un poco!

W W W

¿Por qué...?

¿Por qué los hombres casados están más gordos que los solteros?

Porque cuando los hombres solteros llegan a casa, abren la nevera y se van a la cama, pero cuando los casados llegan a casa ven la cama y se van a la nevera.

W W W

Celos

La esposa le dice al marido:

—Estoy harta de tus celos. ¿Acaso crees que no me he dado cuenta de que me sigue un detective de veinte años, alto, rubio, con ojos azules, un cuerpo divino y un poco tímido al principio?

W W W

Leperos

—No tienes buena cara, Pedro. ¿Ya has ido al médico?

—Sí.

—¿Y estás tomando la medicación?

—No.

—¿Por qué?

—Porque en el frasco pone «Manténgase bien cerrado».

W W W

Vagos

Dos hombres muy perezosos durmiendo sobre la vía del tren. Uno se despierta y le dice al otro, con toda la pachorra en la voz:

—Mira, Juan, ahí viene el tren.

Y Juan le responde:

—Pues qué manera más tonta de morir…

W W W

Mecánico de camellos

Un hombre llevaba varios días por el desierto, había perdido su medio de transporte y estaba muy agotado de tanto caminar. En eso que pasa un árabe con un camello y el hombre le dice:

—Le compro su camello

Contesta el árabe:

—Si tienes mil euros te lo vendo, si no nada.

—Sí, claro que sí, aquí los tiene.

Entonces el hombre se sube y sigue su camino a camello. Después de un buen rato el animal se cansa y se para, por lo que el hombre decide cargarlo y llevarlo hasta el pueblo más cercano. Allí encuentra un taller de camellos.

—Disculpe, mi camello no quiere caminar, ¿puede revisarlo?

—Sí, claro, súbalo a esa piedra que está allí y levántele la pata, por favor.

El del taller coge un martillo y le da un golpe en los cataplines al camello, que se levanta y empieza a correr como un loco. Y dice el hombre:

—Oiga, pero ¿cómo lo voy a alcanzar?
Y le dice el mecánico:
—Súbase a la piedra.

W W W

Nuevo hospital japonés

El cuerpo médico del nuevo hospital japonés es el siguiente:
Director de la clínica: Dr. Kienkarajo Tekura.
Cirugía plástica: Dra. Tarrota Tujeta.
Dermatología: Dr. Tukuero Taduro.
Urgencias: Dr. Tekuro Yamismito.
Endoscopia: Dr. Temeto Tubito.
Fisioterapia: Dra. Tesuda Toito.
Gastroenterología: Dr. Tesobo Tupanza.
Geriatría: Dr. Nosepala Mipito.
Ginecología: Dra. Tesano Lakosa y Dr. Yositoko Tukosita.
Inmunología: Dr. Loguanta Toito.
Laboratorio: Sra. Temira Tukaka.
Mamografía: Srta. Tesobo Tuteta.
Medicina Preventiva: Dra. Tamumal Kelosepa.
Neumología: Dra. Tutose Mufuete.
Neurología: Dr. Saturo Tukoko.
Obstetricia: Dra. Tepalpa Podentro.
Odontología: Dr. Tekito Lakarie.
Oftalmología: Dr. Temiro Losojo.
Otorrinolaringología: Dr. Yosite Sako Mokito.
Patología: Dr. Revisao Enchikito.
Pediatría: Dr. Tekuro Lakria.
Proctología: Dr. Temiro Lojete y Dra. Tukulito Sakayama.
Psiquiatría: Dr. Tarrayado Tukoko.
Radiología: Dr. Tomemo Lafoto.
Ortopedia: Dr. Tarreklo Tuwueso.
Urología: Dr. Tupito Tamalo.

Minuto de sarcasmo entre él y ella

Él: No sé por qué usas sostén; no tienes nada que poner en él.
Ella: Tú usas calzoncillos, ¿no?

Escrito en la pared del baño de mujeres

«Mi esposo me sigue a todas partes.»
Debajo: «No es cierto, no lo hago».

Mamá, mamá…

—Mamá, mamá, en el colegio me llaman despistado.
—Niño, tú vives en la casa de enfrente.

En la selva

Un cazador va a África y se lleva su perrito para no sentirse tan solo en aquellas regiones. Un día de safari, el perrito empieza a corretear detrás de las mariposas y, sin darse cuenta, se aleja del grupo, así que empieza a vagar perdido por la selva. A lo lejos ve una pantera que se dirige hacia él. El perrito piensa rápido y al ver unos huesos de un animal delante de él se pone a mordisquear- los. En cuanto la pantera está a punto de atacarlo, el perrito dice en voz alta:
—¡Ah, qué rica pantera me acabo de comer!
La pantera se frena bruscamente y sale despavorida huyendo del perrito.

Un mono que andaba en un árbol cercano y que lo había visto todo, sale corriendo tras la pantera para contarle el engaño, pero el perrito se da cuenta. Cuando el mono le cuenta todo a la pantera, esta dice:

—Maldito perro, me las va a pagar. ¡Súbete a mi lomo y vamos por él!

El perrito ve a lo lejos que la pantera viene hacia él con el mono montado sobre ella. Piensa rápido para sortear el nuevo peligro, y en vez de salir huyendo se queda sentado dándoles la espalda como si no los hubiera visto. En cuanto la pantera está a punto de atacarlo, el perrito dice en voz alta:

—¡Estúpido mono!, hace una media hora que lo mandé a por otra pantera y todavía no ha vuelto.

W W W

Mamá, mamá…

—Mamá, mamá, que me caso la semana que viene, ¡ayúdame, dime algo, qué nervios, ayúdame, que no sé nada!

—Bueno… entre una madre y una hija… no sé… me da cosa decirte… no sé… tú deja que tu marido lleve la iniciativa… que te vaya diciendo… que él te oriente…

—Mamá, yo hacer el amor ya sé, ¡lo que no sé es freír un huevo!

W W W

El loro

A Carlos le regalaron un loro para su cumpleaños. Era un loro adulto, con una actitud muy mala y un vocabulario muy grose-

149

ro. Cada palabra que decía estaba adornada por tacos y siempre estaba de muy mal humor. Carlos trató desde el primer día de corregir la actitud del loro, enseñándole palabras amables y buena educación, le ponía música suave y siempre lo trataba con mucho cariño.

Pero cierto día Carlos perdió la paciencia y gritó al loro, que se puso aún más impertinente. En un momento de desesperación, Carlos cogió al loro y lo metió en el congelador. Durante un par de minutos pudo escuchar los gritos del loro y el revuelo que causaba en la nevera, hasta que de pronto todo fue silencio.

Pasado un rato, Carlos, temeroso de haber matado al loro, abrió la puerta del congelador. El loro salió y con mucha calma se subió al hombro de Carlos y le dijo:

—Siento mucho haberte ofendido con mi lenguaje y mi actitud. Te pido que me disculpes y te prometo que en el futuro vigilaré mucho mi comportamiento...

Carlos estaba muy sorprendido por el tremendo cambio en la actitud del loro y estaba a punto de preguntarle qué es lo que lo había hecho cambiar de esa manera, cuando el loro continuó:

—Te puedo preguntar... ¿qué fue lo que hizo el pollo?

W W W

Mamá, mamá...

—Mamá, mamá, ¿qué hora es cuando el reloj da cinco campanadas?

—Son las cinco, hijo...

—Mamá, mamá, ¿y si da doce campanadas?

—Son las doce, hijo...

—Mamá, mamá, ¿y si dan 14 campanadas?

—Entonces, es hora de mandarlo a arreglar.

Duda

¿Por qué abreviatura es una palabra tan larga?

W W W

Papá, papá...

—Papá, papá, ¿qué es el eco?
　—Es el único que tiene narices para contestarle a tu madre.

W W W

La vaca

El párroco del pueblo encuentra a Jaimito caminando con una vaca
a su lado.
　—¿Adónde llevas la vaca, Jaimito?
　—La llevo a la granja del vecino para que la monte el toro.
　—¿Y no podría hacerlo tu padre?
　—No, padre, tiene que hacerlo el toro.

W W W

Papá, papá...

—Papá, papá, ¿los marcianos son amigos o enemigos?
　—¿Por qué lo preguntas, hijo?
　—Porque ha venido una nave y se ha llevado a la abuela.
　—¡Ah! Entonces son amigos.

Mamá, mamá...

—Mamá, mamá, ¡qué buena está la paella!
   —Pues repite, hijo, repite.
   —Mamá, mamá, ¡qué buena está la paella!

W W W

Chulería

—Padre, me acuso de que soy un chulo.
   —¿Qué?
   —¿Qué de qué?

W W W

Colmo

¿Cuál es el colmo de un cementerio?
   Estar cerrado por defunción.

W W W

En el Polo Sur

En el Polo Sur vivía una pareja de pingüinos que no podía tener hijitos, por lo que el macho viajó a Alaska para adoptar una cría. El viaje fue largo y no tuvo suerte; cansado y sin dinero, sólo pudo llegar hasta México, y allí robó un huevo de gallina. De vuelta al Polo Sur, su casa, entregó el huevo a su mujer, diciéndole que iban a ser padres de un futuro pollito.

La pingüina dijo que no le importaba, que lo cuidaría y amaría como a un hijo. Se sentó sobre el huevo para calentarlo y al cabo

de unos días, ¡crack!, el huevo se rompió y salió el pollito. Miró a su alrededor y dijo:

—¡Pu...! ¡Pu...!

A lo que la nueva madre respondió con dulzura:

—No, hijito, tú debes decir: ¡Pío, pío!, no ¡pu, pu!

Y el pollito volvió a decir:

—Pu..., pu... ¡Puñetera madre, qué pinche frío...!

W W W

Moisés

Un ladrón entra a robar en una casa con su linterna en la mano. Cuando estaba escudriñando la cocina, oyó una extraña voz que le decía:

—Jesús te está mirando.

El ladrón se sobresaltó, apagó la linterna e inmediatamente se puso a averiguar de dónde provenía esa voz.

—Jesús te está mirando —volvió a escuchar.

Encendió nuevamente su linterna y vio a un loro encerrado en una jaula que le repitió:

—Jesús te está mirando.

El ladrón se rió y le respondió:

—¿Y tú quién eres?

—Soy Moisés, el loro.

—¿Y quién fue el imbécil que te puso Moisés?

—El mismo imbécil que le puso Jesús al doberman que está detrás de ti...

W W W

El pajarito accidentado

Iba un motorista a 150 km/h por una carretera y de pronto se le cruzó un pajarito que no pudo esquivar. Sin poder contener

el remordimiento se paró para recogerlo. El pajarito estaba inconsciente, como muerto. El motorista compró una jaulita y lo llevó a su casa, le puso un poco de pan y agua para cuando despertase.

Al día siguiente, el pajarito recuperó la conciencia y al despertar se vio encerrado como en una cárcel y exclamó en voz alta:

—¡Dios mío, maté al de la moto!

W W W

Duda

Si existe vida en otros planetas, ¿hay alienígenas en el cielo?

W W W

Como en la bolsa

Un importante financiero está estudiando sus acciones en bolsa cuando, de pronto, su esposa se cae por las escaleras del edificio.

—¡Señor, señor! —grita su secretario—. Su esposa se ha caído al bajar.

—¿Qué? ¿Ha bajado? Entonces venda inmediatamente.

W W W

Curvas de resistencia

Los estudiantes de ingeniería suelen preguntarse por qué las chicas con las curvas más aerodinámicas son las que oponen mayor resistencia.

154

Elefante con diarrea

¿Qué hay que darle a un elefante con diarrea?
Espacio, mucho espacio…

W W W

Mamá, mamá…

—Mamá, mamá, ¡en la escuela me llaman envidioso!
—Mándalos a la mierda.
—¿Y yo no voy a ir?

W W W

En el dentista

—Abra la boca.
—¿Para qué?

W W W

En la puerta de casa

La mujer, muy pero que muy enfadada, se encuentra con su marido en la puerta, que apesta a alcohol y lleva manchas de pintala-
bios en el cuello.
—Supongo que tienes una muy buena razón para presentarte
de esa manera lamentable a las 6 de la mañana.
El marido responde:
—La tengo: el desayuno.

Definición

Divorcio: cuando tu mujer decide vivir con tu sueldo pero sin ti.

W W W

Diferencia

¿Cuál es la diferencia entre un novio y un marido?
    30 kilos.

W W W

Inseparables

Le decía una amiga a otra:
    —Mi marido y yo somos inseparables.
    —¿Siempre estáis juntos?
    —No, es que cuando nos peleamos se necesitan hasta ocho vecinos para poder separarnos.

W W W

Entre amigos

—He leído que un indio, perseguido por un tigre, se puso a dar vueltas alrededor de un árbol.
    —¿Y qué pasó?
    —Pues que el indio pilló al tigre y este se suicidó de vergüenza.

En el cementerio

—¿Para quién estás edificando este panteón?
   —Para mi familia y para mí.
   —Pues nada, hombre, que lo disfrutéis con salud.

W W W

Trasplante de pene

Un anciano de 80 años viaja a Boston para hacerse un trasplante de pene. Al volver se encuentra a un amigo:
   —¿Qué tal, Manolo? ¿Cómo te ha ido?
   —Muy bien, Juan. Ahora tengo una potencia sexual que ni a los veinte años.
   —¡Qué envidia me das! Estoy pensando en ir a Boston yo también. ¿Entonces me recomiendas el trasplante?
   —Sí, sin duda.
   —Pero te habrá costado un riñón, ¿no?
   —Eso sí, es una operación muy cara: medio millón de euros, pero, Juan, te aseguro que vale la pena.
   Juan, convencido, viaja también a Boston para someterse al mismo trasplante. La única diferencia es el presupuesto. Se dirige al cirujano y le dice:
   —Yo sólo tengo mil euros, ¿puede usted hacerme algo?
   —No problem, no problem.
   Y, efectivamente, le realizan el trasplante. Al regresar a su pueblo se encuentra a su amigo Manolo, que le pregunta:
   —¿Ya has vuelto de Boston? ¿Qué tal te ha ido la operación? ¿A que ahora estás hecho un chaval?
   —Hombre, Juan, no sé qué decirte. A mí no me ha resultado tan bien como a ti.
   —No puede ser. A ver, enséñamelo.
   Juan se baja los pantalones y dice Manolo:
   —¡Anda, pero si ese es mi pene!

El sifón

¿Qué le dice el sifón al vaso?
  Shhhhhhhhhh.

W W W

El animal con más dientes

¿Cuál es el animal con más dientes?
  El ratoncito Pérez.

W W W

Circuito

¿Qué es un circuito?
  Un lugar donde hay payasuitos, elefantuitos y caballuitos.

W W W

¿¡Qué!?

—¿Qué regalo te gustaría recibir estas navidades? —le pregunta
Papá Noel en unos grandes almacenes a una preciosa niñita que
tiene sentada entre sus piernas.
  —¿¡Qué!? ¿No recibiste mi e-mail? —contesta indignada.

W W W

¿Cómo habéis muerto?

Tres hombres se mueren y están en la cola para entrar en el cielo.
San Pedro les pregunta cómo se han muerto.

Contesta el primero:

—Pues mire, hace tiempo que sospechaba que mi esposa me engañaba, así que hoy he ido pronto a casa para sorprenderla y me he puesto a buscar por toda la casa. Al cabo de un rato he oído un ruido en el balcón, me he asomado y allí estaba el muy cerdo, colgado de la barandilla del balcón para que no lo viese. Como vivimos en un quinto piso, le he pisado las manos para que se cayese, pero no veas lo que aguantaba el tío. Al final conseguí que se desprendiese, pero fue a caer entre unos arbustos y no se mató; así que fui a la cocina, cogí la nevera y se la tiré encima. Pero entre el cabreo que tenía y el esfuerzo que hice me dio un infarto y me quedé tieso en ese momento.

Entonces, San Pedro le pregunta al segundo cómo había muerto.

—Pues verá, yo vivo en un sexto piso, y cada mañana hago ejercicios en mi balcón. Pero esta mañana he resbalado y me he caído, por suerte me he podido agarrar a las rejas del balcón del piso de abajo. Pero cuando estaba trepando ha aparecido un loco maniaco que ha empezado a insultarme y a pisarme las manos. Al final me he caído encima de unos arbustos, pero como el psicópata no estaba a gusto todavía, se ha metido en su casa y al cabo de unos minutos ha aparecido con una nevera, me la ha tirado, y aquí estoy...

Por último, le llega el turno al tercero:

—Pues la verdad es que yo no lo entiendo... Estaba con mi amante cuando llegó su marido, y ella me dijo que me escondiese en la nevera, pero...

W W W

¡Pero Pepe!

Un matrimonio va por la calle, se encuentran con un amigo que se dirige al marido:

—Hola, Pepe, ¿qué tal estás?

El marido contesta:

—Mal, chico, estoy enfermo de sida, el médico me ha dado tres meses de vida.

El amigo se despide y se va acongojado.

Entonces la mujer, sorprendida, le dice al marido:

—¡Pero, Pepe, cómo le dices a la gente que tienes sida, si tú lo que tienes en realidad es un cáncer de pulmón!

El marido contesta:

—Pues porque yo me voy a morir, pero a ti no te va a querer nadie.

W W W

Fenómeno curioso

—Mamá, ¿es cierto que los peces crecen muy deprisa?

—Muy deprisa, hijo. La trucha que pescó tu padre el domingo crece diez centímetros cada vez que habla de ella.

W W W

La minuta

Un cliente le pide a su abogado la minuta.

—¿Cuánto le debo?

—Dos mil euros, pero sepa que este precio es porque conocí a su padre.

Y el cliente responde:

—¡Pues suerte que no conoció también a mi abuelo!

Por teléfono

—¿Es la pescadería?
   —No.
   —Entonces, ¿quién es el besugo que está hablando?

W W W

Erizos

¿Cómo hacen el amor los erizos?
   Con mucho cuidado.

W W W

Realismo

—¿Usted nada?
   —Pues depende.
   —¡Cómo que depende!
   —Pues depende de si hay agua...

W W W

El primero, bien, pero...

Va un anciano a la consulta del médico y le dice:
   —Mire usted, señor doctor, yo cuando voy por el primero voy bien, al llegar al segundo empiezo a fatigarme; en el tercero me dan calambres y escalofríos, y en el cuarto me desplomo.
   —Pero usted ¿qué edad tiene? —pregunta el médico asombrado.

—Pues 87 años.
—¿Y a su edad qué quiere?
—Pues llegar al quinto piso, que es donde vivo.

W W W

Bumerán

¿Cómo se llama un bumerán que no vuelve?
    Palo.

W W W

Celos

Dos amigos en la playa:
    —Empiezo a sospechar... Mi mujer se ha metido debajo del agua con Ricardo y aún no han aparecido.
    —¿Y hace mucho rato?
    —Pues sí, ya llevan más de una hora.

W W W

¡Permiso, mi capitán!

En la mili, un soldado pide permiso al capitán para marcharse unos días a su casa. El motivo que le dio fue que iba a tener un hijo. El capitán, naturalmente, se lo concedió. Al cabo de tres días el soldado se presenta de nuevo ante el capitán, que le pregunta:
    —Felicidades, Fernández. ¿Qué ha sido: niño o niña?
    —Mi capitán, eso lo sabremos dentro de nueve meses.

Un día de pesca

—Creo que he pescado un lumbago.
   —¡Qué bien, Pepe! Lo pondremos en salsa.

W W W

Ciervo

¿Cómo sabían que era un ciervo?
   El físico observó que su tamaño, color, comportamiento, etc. eran los de un ciervo; por lo tanto, era un ciervo.
   El matemático le preguntó al físico, con lo cual consiguió reducir el problema a otro anterior.
   El ingeniero había ido a cazar ciervos; por lo tanto, era un ciervo.

W W W

Onomatopeyas

Jaimito está en el colegio y dice la profesora:
   —Hoy vamos a estudiar las onomatopeyas. A ver, David, di una.
   David contesta:
   —Fui al lago, vi una rana y me dijo croac, croac.
   —Eso es. Ahora tú, Pepito.
   —Tengo un gato que dice miau miau.
   —Muy bien, Pepito. Ahora tú, Jaimito.
   Y Jaimito dijo:
   —Estaba yo en la carretera, vi un camión de frente y dije onomatopeyaaaaaaaaa…

El escondite

Una señora lleva a sus dos hijos a visitar a una amiga al hospital. Mientras la madre charla con la amiga, los niños deciden ir a explorar el lugar, entran en la sala de partos y ven un parto. Cuando el doctor toma de los pies al recién nacido y le da cachetes en el culo uno de los niños comenta asustado:

—¡Qué malo es el doctor, cómo pega a ese niño!

Y el otro contesta:

—Pero es que tiene razón, ¡no has visto dónde estaba escondido!

W W W

En el tren

—¿Es usted italiano?

—Oui.

—¡Ah, es usted francés!

—Yes.

—¿Me está tomando el pelo?

—No, hombre, de ningún modo.

W W W

En la farmacia

Entra un madrileño a una farmacia:

—¿Me da dos mil preservativos?

—Lo siento, sólo me quedan mil.

—¡Vaya, pues ya me fastidió media tarde!

El patrón de los atletas

¿Quién es el patrón de los atletas?
   San Gimnasio de Loyola.

W W W

Entre niños

Un niño le dice a otro:
   —Mis padres dicen que este verano iremos a dar la vuelta al mundo, pero la verdad es que yo preferiría ir a otro sitio.

W W W

Muy conocido

Dos amigos:
   —Oye, Martínez, dicen que conoces a gente muy importante, ¿es eso verdad?
   —¡Sí, ya lo creo! A ver, Carlos, ¿quieres que llame a alguien?
   —Sí, venga, por ejemplo... a Aznar, ¿lo conoces?
   —¿A José Mari? ¡Desde luego, desde pequeño, tío!, espera que lo llamo.
   Llama por teléfono y hace que le pongan con José María Aznar.
   —¡José Mari!, ¿eres tú?, ¡cuánto tiempo, tío!, ¡qué alegría escucharte, macho! No, no, nada nuevo, sólo era para saludarte... Sí..., sí... Bueno, macho, pues ya nos tomaremos algo, ¡hala, adiós, majo!
   Carlos, el amigo, muy sorprendido:
   —¡Jope!, ¡qué confianzas, tío!, ¡es demasiado! Pero... ¡seguro que no conoces al rey!
   —¿Que no?, espera, voy a ver si no lo pillo reunido.

Martínez llama a la Zarzuela y hace que le pasen también con él.

—¡Hola, Juancar!, ¿cómo vamos?... Bien, bien. Ya me enteré que vas a ser abuelo de nuevo. ¡Genial!, sí..., pues nada, oye, era sólo para desearos lo mejor... ¡Vaaale!, el domingo comemos juntos. Si es que estoy muy ocupado, macho. ¡Claro! ¡Hala, pues adiós!

—¡Coño, Martínez! Pues sí es verdad, sí. Pero no sé, hasta dónde dicen que eres de importante no sé si creérmelo, tío.

—Mira, precisamente me ha invitado el Papa este fin de semana. Si quieres vente a Roma, que voy a salir a hacerle compañía al balcón.

—¡Ostras! Eso sí que no sé si creérmelo. Vale, voy.

Los dos amigos viajan hasta Roma. Efectivamente, Martínez sale al balcón a saludar con el Papa, mientras Carlos lo ve desde la plaza sin dar crédito. De repente, un señor se le acerca a Carlos y le da con el dedo en el hombro:

—¿Sí?

—Oiga, perdone que le moleste, ¿usted sabe quién es aquel tío de blanco que está en el balcón junto a Martínez?

W W W

¿Por qué...?

¿Por qué los perros llevan el hueso en la boca?
Porque no tienen bolsillos.

W W W

En el barbero

Entra un vasco a una barbería y le dice a uno de los peluqueros:
—Mira, Patxi, me vas a afeitar.

—¿Quieres que te enjabone, Josechu?

—No, hombre, no, ya sabes, los vascos siempre a lo bruto, que para eso somos muy hombres, ya ves.

—Pero, hombre, así te dolerá.

—Nada, pues, tú a lo tuyo, coge la navaja y aféitame, pues, que para eso somos vascos.

El barbero comienza por una mejilla, y le hace un corte que parecía que le habían herido en la guerra. Al ver aquello, el barbero le pregunta:

—En la otra mejilla, ¿tampoco le pongo crema?

—¡Sí, en esta sí me pones, que mi madre es de Sevilla!

W W W

Las palmas

En la mili, el capitán pasando lista:

—¿José Pérez?

—Presente.

—¿Luis Grijalbo?

—Presente.

—¿Arturo Fernández?

—Está de juerga.

El sargento se queda muy sorprendido:

—¡De juerga!, ¡vaya cachondeo!, ¡el día que pille a este tío se va a enterar!

Así se van sucediendo los días, y durante un mes el tal Arturo Fernández está de juerga siempre, hasta que un día:

—¿José Pérez?

—Presente.

—¿Luis Grijalbo?

—Presente.

—¿Arturo Fernández?

—Presente.

—¿Qué?, ¿presente?, ¡vaya!

El sargento da dos palmadas, con cara de enfado, mientras dice:

—¡Hombre, hombre, señor Fernández, pero si ha venido!

El soldado contesta al tiempo que empieza a taconear:

—¡No me toque las palmas, no me toque las palmas, que me conozco!

W W W

Cazar marido

Una soltera de pueblo quería «cazar» un buen mozo de ciudad, así que le pidió consejo a su tía:

—Tía, ¿cómo hizo usted para casarse con el madrileño?

—Verás, María, un día salí del pueblo, fui a Madrid, entré en una discoteca, conocí a un señor muy trajeado de aspecto serio y buena posición económica, me lo llevé al huerto y, al terminar la faena, le dije: «¡Mira lo que me has hecho! ¿Ahora cómo vamos a llamar al niño?». Y se casó conmigo.

María tomó nota, dejó el pueblo, se fue para Madrid, entró en una discoteca, ligó con un señor de aspecto serio y buena posición económica, se lo llevó al hotel y, al terminar la faena, mientras el hombre tiraba el preservativo al lavabo, le dijo:

—¡Mira lo que me has hecho! ¿Ahora cómo vamos a llamar al niño?

El hombre, muy serio, mientras tiraba de la cadena, le contestó:

—Pues si escapa de esta… ¡le podemos poner McGiver!

W W W

Papá, papá…

—Papá, papá, ¿qué es la crisis?

—La crisis es cuando te gustan el champán y las mujeres, pero sólo te queda gaseosa y tu esposa.

¡Vaya con la vaca!

Un campesino está haciendo dedo con su vaca. Le para un tipo que conduce un mercedes y le dice:

—¡Oiga, abuelo, yo le llevo, pero la vaca tendrá que ir atada al parachoques, que luego el olor...!

—¡Nada, sin problemas!

—Pero le advierto que este coche corre mucho y, claro, la vaca...

—¡Nada, la vaca corre que se las pela!

—Bueno, bueno, usted verá. Suba.

El tipo del mercedes arranca el coche y va mirando por el espejo retrovisor a la vaca, que por el momento sigue el paso tan campante. Un poco picado, el conductor acelera y vuelve a mirar a la vaca que sigue el ritmo sin demasiada dificultad. Ya muy cabreado, el del mercedes pisa el acelerador y se pone a 150 km/h, mira a la vaca y una sonrisa se dibuja en su cara, ya que ve al animal con la lengua fuera. Le dice al campesino:

—Oiga, abuelo, así que la vaca corre que se las pela, ¡eh!, ¡je, je, je! La pobre va ya con la lengua fuera.

—¡No me diga! ¿Y para dónde la lleva, para la izquierda o para la derecha?

—Pues... para la izquierda.

—Pues apártese hacia la derecha, que eso es que le pide paso.

W W W

¿Por qué...?

¿Por qué los mosquitos usan preservativos?
   Por si las moscas...

La patria

Pasando revista a la formación.

—¿Qué es la patria, Ramírez? —pregunta el sargento.

—No lo sé, mi sargento.

¡Plasss! El sargento le suelta un guantazo al soldado Ramírez y le dice:

—Animal, la patria es tu madre.

—¿Qué es la patria, Fernández?

—La madre de Ramírez, mi sargento.

W W W

La merienda

Dos viejecitas merendando.

—Esta leche no está buena.

—Y mañana Navidad.

W W W

Cuatro moscas en una mesa

Si hay cuatro moscas en una mesa y matas a una de un manotazo, ¿cuántas moscas quedan?

Una, porque las otras tres se van volando.

W W W

La suegra

Un tipo que paseaba por un cementerio lee en una lápida: «Señor, recibe a mi suegra con la misma alegría con que yo te la mando».

170

Niños inteligentes

Dos hombres en un bar hablando de sus hijos:
—Mi hijo tiene sólo tres años pero ya sabe leer y escribir, incluso sumar y restar.
—Pues el mío tiene tres meses y ya comprende que los negocios no me van bien y que cada día pierdo dinero.
—¿Cómo lo sabes?
—Porque cada vez que entro por la puerta se pone a llorar.

W W W

De hombre a hombre

Un matrimonio hablando de su hijo:
—Paco, nuestro hijo ya ha cumplido 16 años y creo que deberías hablarle de hombre a hombre y contarle qué hacen la vaquita y el toro, la abejita y el abejito, el perrito y la perrita, etc. —le dice la esposa al marido.
—De acuerdo, querida —responde él.
A continuación, el marido va a buscar a su hijo y le dice:
—Juan, siéntate y sírvete un whisky. Tú y yo vamos a tener una conversación de hombre a hombre... ¿Tú te acuerdas del año pasado, cuando estábamos cabalgando cerca del río, el día que nos encontramos a dos chicas desnudas bañándose y acabamos liándonos con ellas? Pues bien, tu madre también quiere que sepas que eso también lo hacen las vaquitas, los perritos, las abejitas...

W W W

En tratamiento

Una jovencita se encuentra con una vieja amiga y se ponen a charlar:

—¿Sabes que me casé?

—No, ¿con quién?

—Con Paco, el viudo.

—¡Pero si es muy mayor! ¿Cuántos años tiene?

—Pues 90 años, pero me trata como una princesa, me regala joyas, me lleva a los mejores hoteles, me compra toda la ropa que quiero...

—Sí, muy bien, pero ¿y el sexo con él?

—Bueno, estamos en tratamiento.

—¿Qué tratamiento?

—Sí, él trata y yo miento.

WWW

De entierro

—Buenos días, ¿está el dueño de la fábrica?

—No, está de entierro.

—¿Tardará mucho?

—Pues no sé... iba en la caja.

WWW

Astronautas

La NASA está buscando astronautas para una misión a Marte, y se presentan como candidatos un americano, un ruso y un español. Debido al alto riesgo de la misión, los de la NASA les preguntan directamente cuánto dinero quieren cobrar. Dice el americano:

—Pues... 50.000 dólares.

—¿Por qué?

172

—Bueno, antes de ir a Marte me gustaría correrme unas cuantas juergas inolvidables... Ya sabe, por si pasa cualquier cosa y no vuelvo.

Entonces le preguntan al ruso:

—¿Y usted cuánto pediría?

—100.000 dólares.

—¿Por qué?

—Pues mire, la mitad para mi familia, de forma que si me pasase algo no tuviesen problemas, y el resto me lo gastaría yo aprovechando mis últimos meses en la Tierra.

Por ultimo le preguntan al español:

—¿Y usted cuánto pediría?

—150.000 dólares.

—¿Por qué tanto dinero?

Entonces el español se acerca al de la NASA y le dice al oído:

—50.000 para mí, 50.000 para usted y 50.000 para que vaya el americano.

W W W

¡Cuánta galantería!

Se detiene el autobús y sube una señora muy gorda. Después de cruzar la puerta con grandes esfuerzos, se queda de pie en el pasillo porque el autobús va lleno. Arranca y aquella mole, después de oscilar varias veces, cae sobre un hombre que está sentado leyendo el periódico. Este, pasada la primera impresión, guarda el periódico y ofrece su asiento a la gorda.

—¡Gracias, caballero! ¡Qué galante! —dice ella mientras se sienta.

—No es por galantería, señora —replica el hombre—, es en defensa propia.

No es lo mismo

El padre le pregunta a Jaimito:
   —¿Te gusta ir al colegio, hijo mío?
   —Sí, papá, lo que no me gusta es entrar.

W W W

Ignorancia

Uno de pueblo llega a la estación de tren y pregunta a un emplea-
do:
   —¿De dónde sale el tren para Barcelona?
   —¿Es que no ha visto el letrero?
   —Bueno, es que no sé leer...
   —¡Vaya, hombre! Pues para eso hemos puesto un letrero que
dice: «Los que no sepan leer que sigan la flecha».

W W W

El aprendiz de San Pedro

San Pedro dando clases a un aprendiz:
   —Mira, para ver quién puede atravesar las puertas del cielo tú les pones en la mesa una Biblia y un fajo de billetes; si
cogen los billetes, los mandas derechos al infierno, pero
si cogen la Biblia, les abres las puertas del cielo. ¿Entiendes?
   San Pedro deja solo al aprendiz y pasado un tiempo vuelve
para ver cómo le ha ido.
   —Pues bien —le cuenta el aprendiz—, pero hubo un tipo que
cogió la Biblia, abrió una página y metió un billete del fajo, abrió
otra página y metió otro billete y así hasta terminar el libro... pero
como cogió la Biblia le dejé pasar al cielo.
   San Pedro dice:
   —¡Mierda, otro del Opus que se ha colado!

¿Ese es Jesús?

Un inglés, un italiano y un español en un bar. De repente el inglés mira hacia una de las mesas del bar y dice muy entusiasmado:

—¡Joder, si ese que está ahí sentado en la mesa de al lado es Jesucristo!

El italiano y el español se empiezan a reír del inglés, por lo que este se levanta de su silla y se acerca al tipo que él cree que es Jesús. Al llegar a su mesa, le dice:

—Oye, ¿tú no eres Jesús?

A lo que el hombre responde:

—Lo siento, pero no.

—Que sí, que sí, que tú eres Jesús.

—Que no, hombre, no seas pesado.

—Joder, que sí eres Jesús. Llevo un rato observándote y sé que lo eres.

Finalmente el hombre confiesa:

—Bueno, está bien, sí soy Jesucristo, pero no se lo digas a nadie que si no, no me van a dejar beberme esta cañita tranquilamente.

—Vale, pero ya que eres Jesús, podrías devolverme la vista del ojo derecho, que la perdí de una pedrada cuando era pequeño.

A lo que Jesús responde:

—Mira, déjame en paz, ya te he confesado que soy Jesús, pero milagritos no, porque seguro que se lo cuentas a todo el mundo y me paso toda la tarde haciendo milagros.

—Que no, de verdad que no se lo digo a nadie.

—Bueno, está bien, pero sólo uno, ¿eh?

Entonces Jesús le devuelve la vista del ojo derecho al inglés. Este, muy emocionado, regresa a su mesa y les cuenta al italiano y al español lo que le ha sucedido. El italiano, loco de contento, se levanta y cojeando se acerca a Jesús.

—Oiga, me ha dicho mi amigo que usted es Jesús y que me puede quitar esta cojera.

—Joder —dice Jesús—, menos mal que el bocazas de tu amigo no se lo iba a contar a nadie… Bueno, pero eres el último al que le hago un milagro esta tarde.

Entonces Jesús le cura la cojera al italiano, que se va corriendo y dando saltos a su sitio, y les cuenta lo sucedido al ingles y al español.

Jesús se quedó esperando la visita del español, y le pareció muy raro que este no fuera a pedirle un milagro. Al cabo de un rato, muy intrigado se acerca a la mesa de los tres amigos y tocándole el hombro al español le dice:

—¿Qué pasa, que tú no quieres que te haga un milagro o qué?

El español, muy enfadado, le quita la mano a Jesús y le dice:

—¡Sin tocar, eh! Que estoy de baja.

W W W

El pollito

Estaba un pollito llorando. Se le acerca un gallo y le pregunta:

—¿Por qué lloras, pollito?

Y contesta el pollito:

—Es que me dijeron que mi mamá es una gallina…

W W W

La escuela ideal

En la escuela, la maestra dice:

—A ver, Jaimito, ¿cómo te imaginas la escuela ideal?

Y Jaimito responde:

—Cerrada, maestra, cerrada.

Agua bendita

¿Cuál es la fórmula del agua bendita?
HDiosO.

W W W

Duda

¿Por qué no hacen los aviones con el mismo material que las cajas negras?

W W W

En el psiquiatra

Un loco entra en la consulta de un psiquiatra y empieza a meterse tabaco en la oreja.

—Se ve que, por desgracia, usted necesita mucho mi ayuda — exclama el psiquiatra.

—Desde luego, ¿tiene por casualidad una cerilla?

W W W

¡Felices!

Un amigo le comenta a otro:

—Mi mujer y yo fuimos felices durante más de veinte años.

—¿Y luego qué pasó?

—Luego… ¡nos conocimos!

En la oficina

El jefe le dice a un empleado:

—Martínez, he decidido subirle el sueldo, pero no diga una palabra a nadie.

—Confíe usted en mí, señor director. ¡No se lo diré ni a mi mujer!

W W W

¿Cómo se dice…?

¿Cómo se dice chino limpio en chino?

Champú.

W W W

El niño haciendo pis en la calle

Esto es un niño que está haciendo pis en la calle. Pasa una pareja de la guardia civil, se bajan del coche y le dicen:

—Como te veamos otra vez meando en la calle, te la cortamos.

El niño, muy asustado, se marcha. Y dos calles más arriba ve a una niña meando y piensa:

—Por aquí ya ha pasado la guardia civil.

W W W

De pesca

Un hombre que está en la acera con una caña de pescar. Pasa otro y le dice con sorna:

—¡Qué! ¿Ha pescado mucho?

Y le contesta el de la caña:

—Sí, con usted ya van 28.

W W W

Dar que recibir

—Yo prefiero dar que recibir.
  —¿A qué te dedicas?
  —Soy boxeador.

W W W

Trabajos

Un bebé fue encontrado en la puerta de la empresa al amanecer cuando los primeros empleados llegaban. Estos alimentaron al bebé y se lo presentaron al director para saber qué es lo que se debería hacer con él. El director emitió la siguiente comunicación interna:

De: El Director
Para: Recursos Humanos

Acusamos recibo de un bebé recién nacido de origen desconocido.
Formen una comisión para investigar y determinar:
a) Si «el encontrado» es producto doméstico de la empresa.
b) Si algún empleado se encuentra envuelto en el asunto.

Después de un mes de investigaciones, la comisión envió al director la siguiente comunicación interna:
De: La Comisión de Investigación
Para: El Director

Después de cuatro semanas de diligente investigación, concluimos que el bebé no puede ser producto de esta empresa. Motivos:

a) En nuestra empresa nunca fue hecho nada con placer o con amor.
b) En nuestra empresa jamás dos personas colaboraron tan íntimamente entre sí.
c) Aquí nunca fue hecho nada que tuviese pies ni cabeza.
d) En nuestra empresa jamás sucedió alguna cosa que estuviese lista en nueve meses.

W W W

El principio de Arquímedes

Le pregunta la profesora a uno de sus alumnos:
—A ver, Jaimito, dime el principio de Arquímedes.
A lo que Jaimito contesta:
—Sí, señorita, AR.

W W W

Conversos

Un rabino tiene un hijo que se convierte al cristianismo. Cuando se entera, tiene tal disgusto que se muere de un ataque al corazón. Va al cielo y al cabo de unos días se encuentra con Dios.
—Pues mira, Dios, estoy muy preocupado porque uno de mis hijos se ha vuelto cristiano.
—Pero si no pasa nada, hombre. Mira, yo también tuve un hijo que se hizo cristiano.

—¿Ah, sí? ¿Y qué hiciste?
—Un Nuevo Testamento.

W W W

Pedazo de familia

Un hombre acude al médico:

—Doctor, vengo a verle porque noto que últimamente me canso demasiado al correr mis 25 km diarios.

El médico se lo queda mirando con asombro y le pregunta:

—¿Qué edad tiene usted?

—76 años.

—Hombre, con esa edad es natural que se canse. Casi es un milagro que pueda correr tantos kilómetros.

—Que no, doctor. Yo me conozco bien y sé que me pasa algo.

—Bien. Para su tranquilidad —dice el médico— le voy a recetar una analítica completa. ¿Le viene bien el próximo lunes a las 6 de la tarde?

El anciano se queda pensando y contesta:

—No puede ser; a esa hora tengo partida de tenis con papá.

—¿Con quién?

—Con mi padre.

El médico, alucinado, propone otra fecha:

—¿Y el viernes a las 8 de la tarde? ¿También tiene tenis con papá?

—Peor todavía, doctor. El viernes no puede ser porque se nos casa el abuelo.

El médico se queda blanco del asombro y tartamudea:

—¿Quién dice que se casa?

El paciente se pone de pie, rodea la mesa y le pone la mano en el hombro al médico, diciéndole en tono confidencial:

—En confianza, doctor; no es que se vaya a casar, es que ¡se tiene que casar, el muy pillín!

W W W

Accidente

Un hombre llega hecho polvo al servicio de urgencias del hospital. Allí, un médico le pregunta la causa de su estado:
—Pues verá, estaba yo tan ricamente, cuando de pronto vino la bicicleta y me dio un topetazo.
—¡Ah! Ya comprendo… —contesta el médico.
—No, no, si ahí no acaba la cosa… Me estaba todavía levantando, y de pronto el camión, me sacudió otro golpetazo, pero eso no es todo, me levanté y el avión en vuelo rasante me arreó con toda el ala en la cabeza, y cuando me estaba recuperando llegó el trasatlántico y me dio de lleno con la quilla.
—Usted, perdone —le interrumpe el médico—. Mire, lo de la bici me lo creo, lo del camión pase, pero lo del avión y el trasatlántico, ya me parece un poco de cuento.
—¡Sí, cuento! Ja. Y si no paran el tiovivo me machacan la vaca, el cerdo, la carroza y la nave espacial.

W W W

Accidente horrible en los ojos

El médico está atendiendo a un paciente que ha sufrido un accidente horrible en sus ojos y el pobre hombre le pregunta:
—Doctor, doctor, ¿cree usted que voy a perder los ojos?
—No sé, yo se los pongo en un frasco, si los pierde es culpa suya.

Análisis de sangre

A un hombre le hacen un análisis de sangre en la Seguridad Social, y le sacan medio litro. Como el tío se queda hecho polvo, el médico (de la Seguridad Social) le dice a la enfermera:
—Dele a este hombre un dedal de vino y una aceituna.
El paciente, mosqueado:
—Oiga, ¿y no tendría un sello por ahí?
—¿Y eso? —le pregunta el médico.
—Es que durante las comidas acostumbro a leer un poco.

W W W

Anestesia local

En el dentista.
—¿Quiere que le ponga anestesia local?
—Mire, con tal de que no duela, estoy dispuesto a pagar anestesia importada.

W W W

Autopsia

Durante una autopsia, el ayudante pregunta:
—Pero doctor, ¿usted cree de verdad que no murió de parada cardiaca?
—Sí... Bueno, el hachazo en la cabeza pudo haber provocado la parada cardiaca...

W W W

¡Armas al hombro!

El sargento:
—¡Soldados, armas al hombro! No, hombre, el del tanque no.

Ambiciones

Un «sargento de hierro» les está soltando el rollo a los recién llegados a la mili, y le pregunta a uno:
—¿Y a usted qué rango le gustaría alcanzar en el Ejército?
—General.
—¿General? ¿Está usted loco?
—No. ¿Hace falta?

W W W

Así ganamos la Guerra de la Independencia

Durante la Guerra de la Independencia contra los franceses, los españoles tenían todas las de perder. Cada día sufrían muchas bajas. Uno de esos días, un soldado fue a ver a su capitán:
—¡Mi capitán, mi capitán! ¡Estamos cayendo, no aguantaremos mucho más!
—Esto no puede ser, tenemos que hacer algo —dijo el capitán.
—Pues usted dirá, mi capitán.
—Ya sé, se me ha ocurrido una idea. ¿Sabe usted cómo se llaman todos los franceses?
—No, mi capitán, ¿cómo?
—Se llaman Fransuá. Lo único que tenemos que hacer es llamarles y cuando se levanten para contestar... les disparamos.
—Muy bien, mi capitán, lo haremos ahora mismo.
El soldado hace correr la voz y en ese preciso instante se pone a funcionar la estrategia:
—¿Fransuá? —dice un soldado.
—¿Oui?
¡Puuuuuuuuuuummmmmmmmm!
El soldado francés murió de un escopetazo.

—¿Fransuá?
—¿Oui?
¡Puuuuuuuuuuuuuummmmmmmm!
Otro francés muerto.
—¿Fransuá?
—¿Oui?
¡Puuuuuuuuuuuuuummmmmmmm!
—¿Fransuá?
—¿Oui?
¡Puuuuuuuuuuuuuummmmmmmm!
Y así durante varios días. Ante esta alarmante situación, el capitán francés decidió convocar una reunión:
—Esto es increíble. Los españoles acaban con todos nosotros. ¡Tenemos que hacer algo!
—Yo sé lo que podemos hacer —dijo un soldado—, debemos enfrentarnos a los españoles con su misma estrategia. Como todos se llaman Pepe, los llamaremos por su nombre y después les dispararemos.
—Genial, soldado, genial. Pues ya saben lo que tienen que hacer, así que ¡a las trincheras!
Al día siguiente empezó la estrategia francesa:
—¡Pepe!
Nadie contestaba.
—¡PEPE!
Seguían sin contestar.
—¡¡¡PEEEPEEE!!!
—¿Eres tú, Fransuá?
—Oui.
¡Puuuuuuuuuuuummmmmmmmmmm!

W W W

Buen vigía

En la guerra.
—Soldado, ¿localiza al enemigo?

—Sí, están delante, detrás, a la izquierda y a la derecha. ¡Esta vez sí que no se nos escapan, mi capitán!

Mira telescópica

Un chaval llega a una tienda de material deportivo y le pide al vendedor que le enseñe la mejor mira telescópica que haya para su rifle.

—Esta es la mejor del mercado. Fíjate, si miras hacia la cima de aquella montaña podrás ver en mi casa el nombre del perro escrito en la caseta.

El chaval enfila la cima con la mira y empieza a reír.

—¿De qué te ríes, chaval? —pregunta el vendedor.

—Es que estoy viendo en el jardín a un señor en bolas corriendo detrás de una señora en bolas.

El vendedor agarra la mira, la enfila para su casa y empieza a enrojecer y a echar humo por las orejas. Coge dos balas y se las da al chaval diciéndole:

—Vamos a hacer un trato. Te doy estas dos balas, y si aciertas con una en la cabeza de mi mujer y con otra en el pájaro del tipo, te regalo la mira telescópica.

El niño toma el rifle, la mira y las balas, pone el ojo en la mira y apunta hacia la casa. Después de un momento de indecisión le dice al vendedor:

—¿Sabes? Creo que puedo hacerlo de un solo tiro.

Mamá, mamá

—Mamá, mamá, ¿el váter da vueltas?

—No, hijo, el váter no da vueltas —le contesta la madre.

—Entonces, mamá, hice pis en la lavadora.

Chicas

Se encuentran dos chicas:
—¿Qué le vas a pedir a Papá Noel?
—Un novio.
—¿Y a los Reyes Magos?
—Tres.

W W W

Cien años

Una mujer le pregunta a su marido:
—Cariño, ¿dónde está el libro Cómo vivir cien años?
—Lo escondí, no sea que lo encuentre tu madre.

W W W

El cobrador

Un cobrador de facturas atrasadas se dirige a una casa a realizar un cobro. Llama al timbre y le abre la puerta una rubia despampanante con una bata transparente.
—¿Qué desea?
El hombre tragando saliva logra contestar:
—Venía a cobrar esta factura.
—Pásese mañana que hoy no está mi marido.
Al día siguiente, el cobrador vuelve a ir a esa casa, de nuevo le abre la puerta la rubia despampanante pero esta vez sólo en ropa interior.
—¿Qué desea?
—Soy el de ayer y vengo a cobrar la factura.
Y de nuevo la misma respuesta:
—Pásese mañana que hoy no está mi marido.

Al día siguiente, el cobrador se persona en el domicilio y antes de llamar se baja los pantalones y los calzoncillos. Llama a la puerta, pero esta vez le abre el dueño de la casa, el marido de la señora:

—¿Qué desea?

El cobrador sin peder tiempo le enseña la factura y contesta:

—¡O me paga esta factura o le meo encima!

W *W* *W*

Papá, papá...

—Papá, papá, ¿por qué me pusiste Bricolaje?

—Porque te hice yo.

W *W* *W*

Colmo

¿Cuál es el colmo de un carnicero?

Tener un hijo chuleta.

W *W* *W*

Definición

Ataúd: el que lo hace lo vende, el que lo compra no lo usa y el que lo usa no lo ve.

¡La mosca!

—¡Camarero, camarero! ¡La mosca, la mosca!

—¿Qué pasa con la mosca?

—Que se ha llevado el filete.

Huevos

Pepito está jugando en el patio de su casa. Llega su padre:
—¿Qué haces, hijo?
—Aquí, papá, jugando con lo que me sale de los huevos.
El padre, enfadado, le propina un bofetón llamándole maleducado.
Pepito llorando le grita a su madre:
—¡Mamá, mamá, ya no me compres más huevos Kinder sorpresa, que papá se enfada!

W W W

En la consulta psiquiátrica

El psiquiatra al paciente:
—Usted sufre de manía persecutoria.
A lo que el paciente responde:
—¡No es verdad! ¡Lo que pasa es que usted no me puede ver!

W W W

Un niño muy feo, muy feo

Es un niño tan feo, tan feo, pero tan feo, que cuando se acerca a su padre y le dice:
—Papá, papá, llévame al circooo...
El padre le dice:
—El que quiera verte que venga a casa.

www.ingramcontent.com/pod-product-compliance
Lightning Source LLC
Chambersburg PA
CBHW070331090426
42733CB00012B/2434